教育回望

学校管理与教学探究

叶丽娜 黄志晖 主编

东北师范大学出版社

长 春

图书在版编目（CIP）数据

教育回望：学校管理与教学探究 / 叶丽娜，黄志晖
主编. — 长春：东北师范大学出版社，2020.7
ISBN 978-7-5681-7060-4

Ⅰ. ①教… Ⅱ. ①叶… ②黄… Ⅲ. ①中小学—教学
研究—文集 Ⅳ. ①G632.0-53

中国版本图书馆CIP数据核字（2020）第141250号

□责任编辑：吴　琼　　　　　□封面设计：姜　龙
□责任校对：刘彦妮　张小娅　□责任印制：许　冰

东北师范大学出版社出版发行
长春净月经济开发区金宝街 118 号（邮政编码：130117）
电话：0431-84568115
网址：http：//www.nenup.com
北京言之凿文化发展有限公司设计部制版
北京政采印刷服务有限公司印装
北京市中关村科技园区通州园金桥科技产业基地环科中路 17 号（邮编：101102）
2022年6月第1版　2022年6月第1次印刷
幅面尺寸：170mm×240mm　印张：13　字数：204千

定价：45.00元

编 委 会

目 录

上篇　学校管理

同舟共济　校园管理

扬帆远航　班级管理

下篇　教学探究

情 动 语 文

智 动 数 学

趣动英语

肃动政治

思动历史

灵动地理

明 动 化 学

衍 动 生 物

悦 动 音 乐

跃 动 体 育

展 动 信 息 技 术

上 篇

学 校 管 理

同舟共济　校园管理

充分利用校友资源推动学校发展

广东省梅州市梅江区乐育中学　梁立新　胡河林

一、校友资源开发利用的现状

我国各大学校对校友资源的开发利用在思想上还没有引起高度的重视，加之校园文化属于意识形态的育人范畴，其对提升校园发展效益也非直接作用于表面，故而时常被各大学校所忽视。目前，虽然很多学校提倡开发利用校友资源，但由于缺乏理性的认识，缺少详细的规划和严密的统筹，存在着盲目、无序的现象。

二、校友资源对学校发展的重要性

1. 校友资源助推学校建设发展

校友是学校集育人资源、形象资源、信息资源和财力、物力资源等于一身的重要财富，是学校的一种独特资源，是助推学校发展的重要力量之一，在捐资助学、捐物兴学，以及学校场所的构建、教学设备的购置等方面起着重要的作用，能够促进学校的蓬勃发展。

2. 校友资源丰富校园文化内涵

校友是构建校园文化的主要力量，多角度、深层次地开发利用校友资源的价值，对丰富校园文化、提高学生文化素养、增强学校凝聚力、传承学校精神、扩大学校影响力等方面起着重要的作用。

因此，作为学校的教育者，除了运用常规的教育教学手段，还应对校友资源给予高度重视，充分、合理地开发利用校友资源，凝聚这股力量，促进校园文化的积淀与传承，促使学校和校友事业的共同发展。

三、利用校友资源推动学校发展的途径

乐育中学创办于1902年，是梅州市创办较早的中学之一，其历史悠久，教学资源丰富，素有"博士、名医摇篮"的称号，在建校的一百多年来，秉承优良的办学文化，为社会各界培养了四万多名建设人才。据不完全统计，院士称号的有钟世镇、张如心、梁伯强、江欢成、刘迪华等，另有陈安良、罗潜等48位留学博士，有教授、高级工程师等200多位，有梅州市荣誉市民黄丽群、黎次珊等一大批实业家。这些优秀的校友既是乐育中学出色教学成果的证明，又是学校最具潜力的优质资源。笔者认为可以从以下几个方面阐述利用校友资源推动学校发展的途径。

1. 发挥校友的经济效力，提升学校的人文物质环境

许多校友在各自领域的发展中取得了优异的成绩，具有较高的社会地位和较强的经济实力，有能力、有意愿为母校的建设和发展出力。据不完全统计，近十年来，乐育中学的各届校友先后筹资1000多万元用于学校建设。校友黎次珊、汤建英捐资建设了独具欧洲风格的教学楼"建山楼"；曾宪梓博士及其夫人黄丽群校友捐资改建了"智明运动场"，同时捐建了"丽群楼""丽群大礼堂"等多栋教学设施；邹松发校友之子邹锡昌先生捐建了"邓银英纪念大楼"综合楼。除了在校园设施建设上提供了巨大的帮助，校友还自发筹资设立了各项奖教奖学金。这不仅减轻了学校的负担，而且有助于激发学生学习的积极性。例如，黎次珊、汤建英校友捐资设立扶困助学金，陈竹筠、蔡庆超校友捐赠奖教金。校友的大力支持，不仅可以促进校园的物质文化建设，而且为在校师生打造了良好的人文环境，增强了学校的凝聚力，促进了学校的蓬勃发展。

2. 利用校友的成功事迹，激发学生积极向上的精神面貌

校友资源是学校发展最具亲和力、最具潜力的宝贵资源，知名校友更是学校精神传承的体现。校友的人生感悟、成功经验、价值导向等能够激发广大在校学生形成健康向上、积极进取的奋斗精神，培养学生形成正确的价值观。

因此，学校可以大量收集知名校友事业成功的事迹，形成学校的校本教材，融入平时的教学过程中，大力宣传校友事迹，利用校友的精神熏陶在校学生，切实激发学生的拳拳爱校之心、殷殷报国之志，从而使在校学生不断向优秀校友学习，为未来不断努力学习。为此，乐育中学多次邀请旅美航天院士刘迪华、中国航天科技集团公司航天专家潘增富等知名校友返校为师生开展讲座，讲述他们在校努力学习、在社会辛勤工作的历程以及为国家建设做出重大贡献的事迹，引导学生树立正确的世界观、人生观和价值观，帮助他们设定人生目标，制订职业生涯规划。另外，学校还聘任中山大学中山眼科中心教授余荣志校友为校外辅导员，为师生开展讲座，宣传预防近视和保护视力的相关知识。学校校友把各行业、各方面的优秀文化带入校园，不仅可以充实校园文化底蕴，而且可以激发在校学生为母校争光、为社会做贡献的奋斗激情。

3. 借助校友的社会效应，扩大学校的影响力和美誉度

每个校友都是母校的名片，他们对社会的卓越贡献都是在为母校增添光彩。通过校友会、商业活动、学术研讨等各种社会交流平台，各界知名校友可以发挥自己的社会影响力，利用自身的人脉资源，为学校做最生动、最直接的文化宣传，扩大与外界的联系，从而扩大学校的社会影响力和美誉度。校友们在社会上各行各业的影响力不断增加，必将使学校的社会影响力和知名度不断得到提升。

四、结 论

综上所述，对当代学校而言，校园文化是学校发展的重要组成部分，若缺乏良好的校园文化支撑，学校便难以在教育过程中保持自己的办学特色和发展优势。为满足新时代教书育人的必然要求，学校除了要不断优化调整自身的教育机制以及提升自身的育人成效外，还要合理地利用校友资源，推动学校建设发展，创新校园文化，并使之在新生代中传承，在社会上获得延伸。随着学校对校友工作的日益重视和不断发展，校园文化建设必将受到更多人的重视。

▶ 参考文献

[1] 韩炬，董威.校友资源的校内建设探索 [J].华北理工大学学报（社会科学版），2018（3）：89-94.

［2］张建，李承明.浅谈海外大学校友资源的利用［J］.当代教研论丛，2018（4）：101.

［3］贺美英，郭樑，钱锡康.对高校校友资源的再认识［J］.清华大学教育研究，2004，25（6）：78-82.

［4］王亚杰，陈美芳.新兴高校在校友资源利用中存在的问题［J］.安徽电子信息职业技术学院学报，2006，5（6）：15-16.

重视质量监测结果，推动学校义务教育质量提升

广东省梅州市梅江区梅州中学　宋晋明

国家义务教育质量监测今年已经进入第二轮，作为承担第一、二轮义务教育质量监测的样本校，面对即将到来的第二轮质量监测，学校将如何应用第一轮监测结果，推动义务教育质量提升就显得十分重要且迫切。教育部基础教育质量监测中心就国家义务教育质量监测结果应用成果进行了交流，收获很多。现对我校语文学习质量、艺术学习监测质量的结果应用方面进行总结。

一、加深了对质量监测结果应用重要性的认识

国家义务教育质量监测，一般包括对学生的学业测试以及对学生、教师、校长的背景问卷调查，二者相互结合、相互补充，力求全面揭示学校的教育教学状况以及影响教育教学质量的相关因素，从而为学校和教研部门提供教育教学改进的数据参考。所以国家义务教育质量监测不是用结果来评判某一地区、某一学校的教育教学质量如何，而是重在通过监测这一方式，得出结果，找寻出教育工作中存在的问题和不足，帮助学校剖析存在问题的原因，制订整改措施，把监测的结果应用到分析问题、解决问题的实际工作中，努力实现应用监测结果转变教育管理方式，改进学校教育教学，推动义务教育高质量发展，促进学生德智体美劳全面发展。

二、加强了对质量监测结果中反映问题的研究

学校根据区督导室反馈的质量监测结果中反映的问题，由教务处带头，各部门、各科组协同，建立"问题分析、改进指导"的研究机制，以构建高效课堂教学为突破口，给班主任及科任教师以专业的指导和引领。根据反馈的问题，语文、音乐、美术科组制订了学科优化改进方案。方案的内容包括问题反馈、改进思路、落实措施、实施步骤和预期成效。方案主要是为了引导教师既关注学生的学业成绩，又关注学生的身心全面发展；既关注学生的现实状况，又关注学校、教师、家庭的影响过程。

三、探索了对质量监测结果中反映问题的改进

根据2017年7月教育部基础教育质量监测中心和中国基础教育质量监测协同创新中心共同出具的监测分析报告，我校语文科和艺术科监测结果整体情况良好，但尚待改进的问题也有许多。

1. 语文科方面

存在的问题：学生在欣赏经典名著方面的能力不足，学生课外阅读时间以及阅读量不够，学生到图书馆借阅书籍的积极性不高。

从语文科所反映的问题中我们不难发现，学生在语文学科方面的学习质量、学习兴趣、学习信心受阅读量、阅读时间的直接影响，而学校图书馆和阅览室的开放程度又与学生的阅读便利度密切相关。经过分析，要解决这些问题，学校就要在营造良好的阅读氛围，重视图书馆、阅览室的有效使用，以及加强语文科教师对学生课外阅读的引导等方面寻求突破。具体的做法有：

（1）大力推进"书香校园"的创建活动，由学校团委组织语文教研组担任主办，坚持每个学期在全体学生中开展"书香校园"征文比赛；每学年组织一次"书香校园"免费赠书、免费阅读活动等，培养学生的阅读兴趣和阅读习惯，提高其阅读能力，提升其语文核心素养。

（2）加大新增图书的采购量，转变图书馆、阅览室的管理理念，采用现代化手段提高图书借阅的便捷性，并延长图书馆、阅览室对师生有效开放的时间。近两年来，保证每年新增图书7000册以上；图书馆实行开架借书；阅览室新增门禁系统，保证在无工作人员值班的情况下仍对学生每天开放；语文阅读

课不用再预约，可随到随上。

（3）加强语文教师专业引领，为学生课外阅读推荐书目，从而保证学生阅读课外书的多样化和阅读质量。语文教研组结合《全日制义务教育语文课程标准（2011年版）》指定书目，向学生推荐初中生语文新课标必读书目和中外名著阅读丛书。

（4）开展以"我心中的校园"为主题的初一新生手抄报成果展示活动。暑假期间，为了让初一新生度过一个愉快而有意义的假期，学校会在"新生入学须知"中向学生推荐书目，引导学生用手抄报这种比较活泼的形式呈现读书收获，在开学时以班级为单位进行陈列展出，既激发了学生的读书兴趣，又让学生交流了读书的心得。

（5）尝试校长推荐阅读活动。从2018年起，校长分别在1月和7月向教师推荐一本书，让他们利用寒假、暑假的时间进行阅读，并要求写好学习心得。这一方式极大地激发了教师的阅读热情，提高了他们的阅读质量，在教师中营造了良好的阅读氛围。现已推荐的有《我为教育而来》和《修改过程》这两本书。

2. 艺术科方面

存在的问题：参加校内艺术兴趣小组或社团活动的学生人数不多，学生对传统艺术形式的喜爱程度不高，初中没有美术专用教室。

从以上反映的问题可以看出，学生艺术学习质量既受到社会经济发展水平、家庭背景的影响，又受教育资源不足、不均衡等因素的制约。为了应对所存在的问题，我们主要从以下几个方面进行改进：

（1）认真开展第二课堂活动。初一年级以培养兴趣为出发点，广泛开展以科技、艺术为主题的第二课堂活动，让学生带着兴趣去感受、欣赏艺术，提高艺术修养，有效地带动学校的艺术教育。

（2）针对学生对传统艺术形式了解不深的问题，音乐教研组联系了广东汉剧院在我校组织了"汉剧进校园"的系列活动；邀请了汉剧名家为师生现场授课、现场表演，极大地激发了师生对传统艺术的学习热情，加深了对传统艺术表现形式的了解，取得了很大的反响。其中杨文姬老师的论文《音乐课堂教学中传承普及汉乐》获得区一等奖，并在《学校教育研究》上发表。美术教研组在板画的教学和传承方面也正在进行有益的探索。

（3）学校高中部有美术专用教室6间，除了满足美术特长生的日常教学需求外，近两年还开始向初中美术课教学开放，让初中生感受艺术氛围，接受艺术熏陶。

在此基础上，我校虽然取得了一些阶段性成果，但随着广东省新中考改革的实施，如何更好地体现"立德树人"的根本任务，回答好"培养什么人、怎样培养人、为谁培养人"的问题，我们还有很多工作要做，要去改进，要去探索。

新高考背景下研学旅行课程的多元性探讨

广东省梅州市梅江区梅州中学　张裕思

一、问题的提出

2018年10月8日，广东省教育厅联合公安厅、财政厅等11个部门发布了《关于推进中小学生研学旅行的实施意见》，提出将研学旅行纳入学校教育教学计划。2019年4月23日，我省和其他7个省市（河北、辽宁、江苏、福建、湖北、湖南、重庆）共同发布高考综合改革实施方案，研学旅行作为学生高中阶段综合素质评价中的重要部分被提上议事日程。

研学旅行在我国历史上早已有之，无论是诸子百家还是迁客骚人，在中华大地上的辗转迁徙无不是研学成功的典范。其中最重要的一点就是将"学"与"行"结合在一起，在"行"中"学"，在"学"中"行"。在新高考改革的背景下，我们重提研学旅行，就是要对这部分优秀的文化遗产好好地消化与吸收，然后再结合当下情境和本地实际做出新的规划。因此，在具体的研学课堂中，安排好多元性的课程就显得尤为重要。

二、研学课程多元性的实践

法国社会学家皮埃尔·布尔迪厄认为："学校教育是维持形式上教育平等的意识形态，而课程作为教育的内容，作为合法的文化，作为一种文化资本，在文化再生产过程中起到举足轻重的作用。"因此，我们必须重视课程的设计。从最狭义的角度来讲，课程是学校落实"培养什么人、怎样培养人、为谁培养人"的教育目标的路径与方法。研学旅行课程的开设与传统课程有密不可分的联系，如同样具有育人功能，促进学生核心素养的发展，关注对学生成长的教育意义，等等。除此之外，研学课程更应突出其特异性，如课程需关注影响学生未来发展的关键能力、必备品质，每门课程能否助力学生核心素养的养成，等等。

1. 研学课程中学科核心素养的体现

研学旅行旨在读万卷书，行万里路，把"研"与"行"有效结合起来，把书本知识与实践操作统一起来，真正做到见多识广、博学善思。我们认为，学生核心素养能否真正落实，需要我们在课程建设上协调诸多关系，强化统筹意识。在构建课程体系时，需要基于本区域、本校的具体情况，统筹体系内各科目与融合课程之间的关系，充分关注实践的可行性。在课程实施过程中，要根据具体操作的反馈报告，及时进行修订完善和动态调整，以达到预期的教学效果。

以体验雁南飞茶文化的研学课程设计为例。学生穿上专门的采茶服，来到绵延广阔、起伏平缓的阴那山山脉西北侧的坳头坪丘陵的茶田，与专业人员一起采茶、制茶、品茶，畅谈茶道、茶具、茶故事、茶艺等，感受其独特的魅力，探寻中华民族悠久的文明和礼仪，向外国友人推介这一历史悠久，代表中国梅州特色的生态产品。这一研学课程把传统科目中的语文、英语、物理、化学、生物、政治、历史和地理等都囊括其中，学生基于对某个具体学科观念的探究、实践获得该学科思维，深入提高该学科概念的理解力，从而形成具体的核心素养。

2. 研学课程与职业生涯规划的对接

中学生职业生涯规划教育不可能全部停留在课堂的理论学习中，因此，具体的研学课程中的生涯规划课程、融合拓展课程等若能有效合理地融入研学课程中，必然可以为学生职业生涯教育提供一个更大的实施空间。

"研学路上的生涯人物访谈"就是新高考背景下研学课程一个很好的实践。我们首先根据学生的预报名情况并结合实际招募研学小组成员，做好前期相关方面的培训，与家长做好有效沟通，然后确定准备体验的职业、需要访谈的生涯人物，培训学生掌握了解生涯人物访谈任务的基本要求，布置撰写报告，探讨生涯人物在不同城市的职业现状，最终形成《生涯人物访谈报告》。在这个主动探究获得知识的过程中，学生不再是信息的被动接受者，而转换成知识获得过程的积极参与者、探索者。这样，不仅可以丰富学生的社会实践经验，而且让他们学习到了生涯探索的方法和途径。

3. 研学课程中红色旅游资源的有效渗透

在新时代继续讲好革命故事，让革命的火种在新生代中得到传承与发扬，是我们教育工作者义不容辞的责任和义务。研学课程中红色旅游资源的开发，使学生既能在观赏体验中获得知识、开阔视野，又有助于他们跳出书本，寓教于乐，不仅创新了教学模式，也是知行合一的重要体现。

以梅州为例，它是开国元帅叶剑英的故乡，是广东省唯一全境纳入原中央苏区规划范围的地级市。周恩来、朱德等党和国家领导人，十大元帅中的八位元帅都曾在梅州留下战斗的足迹。在第二次国内革命战争时期，就建立了东江苏维埃政府，开辟了著名的中央红色交通线，4560多名梅州英雄儿女为中央苏区的形成、巩固和发展献出了宝贵的生命。同时，全市空气、水质达标率稳居全省前列，森林覆盖率居全省第一，"梅州蓝""生态美""2018美丽山水城市"等都是这座生态名城的响亮名片，这些都将成为研学课程的有机组成部分。

三、结 语

"纸上得来终觉浅，绝知此事要躬行。"随着时代的发展、科技的进步和我国新课程改革的不断深入，在新高考背景下，只要我们立足于学生全面与个性发展的根基不动摇，打破各学科课程的障碍，形成一个个相互衔接、流通顺畅的研学旅行课程交流网，充分展示中华民族优秀文化自信，坚持社会主义办学方向的道路自信，全面贯彻落实"立德树人"的任务，我们必然能真正实现《中国教育现代化2035》提出的目标和理念。

构建和谐集体，提升核心素养

广东省梅州市梅江区梅州中学　李 瑜

杭州师范大学张华教授认为，核心素养不是只适用于特定情境、特定学科或特定人群的特殊素养，而是适用于一切情境和所有人的普遍素养，这就是"核心"的含义。可见，核心素养是知识、技能和态度等的综合表现，是知识、能力、态度或价值观等方面的融合，包括自我管理、组织能力、人际交往等"非认知性素养"。素养不仅仅包括能力，更多考虑的是人的综合素质，特别是品德上的要求。本人以培养学生的感恩情怀，提升自信，促进学生健康成长为目标，对构建和谐集体、体现核心素养进行了相关的探究。

一、平等沟通，体验信任，收获成就

当代青少年在物质生活上绝大多数是感到富足的，但在良好的生活、学习环境中，他们并未感觉到"幸福"，体会不到父母、老师的辛苦付出，甚至有时会情绪低落、压抑、苦闷、抑郁。为此，我在德育工作中，从培养学生自信、自主入手，做好育人工作。

首先，采用体验教育法，让学生开心体验老师的工作。这是缩短师生之间距离的强力磁场。我向学生阐明活动意图之后，得到学生热烈的响应。活动中，每名学生都能得到体验做一次班主任、当一次班长的机会。在实践中，当值的"班主任"需要全天扎扎实实做好平时老师在校做的一切工作，包括早晨同老师一起提前到校，在教室门口迎接学生，接受问候并回礼，像老师一样做好备课、批改作业等事务，处理班级中的常规工作，并要为后进生提供学习辅导，解决学生思想问题等。一天的工作实践结束后，我请学生记录工作心得，作为社会实践的成绩。除此之外，我还提倡学生在家做"周日家长"，体验家长的辛劳，形成了良好的亲子关系。活动的收获是丰厚的，学生集体生活的兴趣得到激发。在平等和信任中收获的幸福感、成就感让他们真正理解了老师、家长的关怀和爱，体会到了老师的苦与乐，促使学生形成关心他人、热爱学习、善于体谅、理解他人、尊重他人的良好品质。

其次，在教育教学中尊重学生的质疑权。质疑让学生学会勤于发问，善于发问，培养学生发现问题并解决问题的能力，从而打破学生一味服从的被动思维，鼓励学生以各种形式向老师提出班级管理中的弊端和建议。学习中，提供机会并促使学生积极向每位老师提问题。这样，一方面可以使学生养成善于思考、善于发现问题的习惯，另一方面也间接地培养了学生的创新能力、自主意识和健康正确的处世之道。

二、信任、自主，开放班级管理

在班级管理中，每名学生都是主人，都可以参与班级管理活动。民主与开放是班级管理自主选择的两大特色。民主方面体现在班集体举办活动前，班委会尽量开放决策程度，使全体学生真正了解活动意向，然后根据全班同学的投票结果，决定活动内容和模式，充分发挥学生的个体智慧，培养主人公意识、责任感，使活动充实而有价值。德育考评公开，实行民主监督，培养学生自我管理能力。每名学生处于平等关系之中，并由学生对班干部进行职责评估，发挥集体智慧，这样不仅能增强学生的责任感，还能锻炼学生的综合分析能力。

班会课是班级管理开放的最好舞台，部分学生接触社会较多，社会影响与课堂教育紧密相连。作为辅导员，我会充分尊重班委会的意见和建议，结合社会、学校、班级现状确定班会主题，交由学生自行组织、准备。学生可以自愿报名，用自己的方式主持班会。班会内容丰富，形式多样，提高了学生的参与意识。活动的开展也拓宽了学生视野，使学生养成了做事全力以赴，力求做到最好的良好品质，并能主动开展工作，承担起自己应负的责任，在集体中感受成长的快乐。

在班干部的培养和选举方面，除了采用"轮值班长"制，还实行"上岗制"和"竞选制"，由集体成员对班干部职位进行自由竞岗，充分发挥个人所长，尊重学生意愿，调动学生参与集体活动的热情。竞选形成一个以"总统"

为核心的委员会。同时，约定连任期限，届满后，选择竞选其他岗位或"让贤"，这样可让更多的学生参与班干部培育，使学生不同的个性得以发挥。由于有"连任"和"换届"选举，"总统"及智囊团都能协调配合做好班级整体工作，以期届满时有良好的"政绩"。班级工作朝气蓬勃，学生的能力得以培养和发展，这样有利于创建一个活跃的、和谐的、凝聚力强的集体。

三、发挥个性特长，构建和谐集体

班干部培育能够提高学生内涵气质，充分发挥学生的个性特长，调动他们参与管理的热情，把班集体建成名副其实的"实践基地"。例如，学生汤雅萌来自北方，个性内向，但有较好的文学基础，普通话纯正。我鼓励她主持读书活动，负责读物选编、稿件组织编辑工作。经过锻炼，以她为中心的宣传队把读书工作搞得有声有色，宣传栏、校刊上常有学生的佳作选登，黑板报屡受学校表扬。游珊珊，个性泼辣，有体育专长，被选为体育委员。她以有责任心、号召力强而深得人心，在各项文体比赛中，为班集体夺得多项荣誉。她被选任值日生，能在工作中不断完善自己，工作热情，待人有礼，有很强的原则性，在集体中起到了很好的榜样作用。班长周宏添，善于协调，组织团队工作条理性强。在团队建设中，他成功组织多次主题活动，如爱国卫生清洁活动，组织多个"雷锋小组"经常到特殊学校（市聋哑儿童学校）做好事，组织学生绿化校园、认养花木，号召学生在家做"周日家长"，体验家务劳动等，引领集体热爱公益工作，热爱劳动实践。这些学生被学校评为"合格小公民标兵"。另外，周宏添同学还被评为"区优秀学生干部"。在他们的影响和带动下，先后有20多名学生积极向团组织靠拢，光荣加入中国共产主义青年团。

对待当今学生中的攀比风日盛和奢侈生日聚会问题，我结合实际培养学生形成正确的人生观、价值观，并组织学生巧设主题，在集体中给学生过校园生日。我让同一个月份过生日的学生做主角，再从班费中拿出一些经费买实用的纪念品，让全体学生一起写上集体的祝福，赠送给"寿星"们。同时，"寿星"们也准备了许多自制的小卡片，写上生日会纪念话语作为回礼赠予参加聚会的同学、老师。在这样的氛围中，学生感受到了浓烈的友谊，这是奢侈的生日宴换不来的。这样的活动得到了家长盛赞，据家长反馈，学生回到家后都欢欣鼓舞，说："永远也不会忘记这么激动、这么快乐热闹的生日会！老师真好，同学真好！"集体生日会转变了学生自身的价值观和消费观，使学生感受到了集体的温暖，体验了置身于集体中的幸福感。

学生的成长过程就像一艘启航的海轮，朝着教育者的期望目标航行。教育者最关注的目标像一个坐标系，既有横向目标，又有纵向目标。其中，纵向目标的核心是爱学。学生爱学，会学，学好。横向目标是让学生健康成长与发展。而一个人健康的首要标准就是心理健康、人格健全。有效的集体活动使校园成为学生健康成长的开心乐园。培养学生做自己的主人，使学生具备积极的情绪和心境，这样他们才能在成长过程中获得自我意识，克服不良情绪，超越自己，创造自己，最后赢得主动，成为让父母、师长放心的学生，成为国家建设需要的人才，从而达到教育的真正目标。

农村教师专业生态发展的探索

广东省梅州市平远县田家炳中学　谢镜荣

　　教师专业生态发展是教育生态系统在不断发展与调节的过程中达到相对稳定的状态。它是一种教育的动态平衡。教育教学质量永远是教育发展的根本任务。在信息化高速发展的时代，信息技术对教育教学质量的提高起到了不可估量的作用。因此，教育资源配置和外部能量供应成了教育个体生存、发展和在竞争中优先进化的重要因素，努力提高教师专业化水平是教师专业生态发展的方向。

一、教师专业生态发展是提高教育教学质量的必然要求

　　我们不能简单地通过单一的方式来获得知识，而要整个社会的职业系统相互联系、分工合作才能取得更大效果，缺少任何一个因素都可能对教育教学质量的提高造成消极影响。信息技术、大数据的空前发展，知识在内容和形式以及数量和质量方面的发展速度惊人，这就要求教师在知识更新和自我发展方面要有内生动力，从而为自己的专业生态发展服务。教师直接影响的是学生的发展，其责任重大、社会关注程度极高。如果教师的专业化水平得不到发展，其培养出来的学生可能无法适应时代要求。

　　因此，教师的专业生态发展是提高教育教学质量的必然要求。

二、农村教师专业发展不平衡现状分析

　　（1）教师年龄结构趋于老化，知识结构参差不齐。年龄较长的教师有一大部分是从民办、代课教师队伍中发展而来的，知识底子较为薄弱；年龄偏大的

教师在专业发展上要求不高，热情不高，进取心不强。

（2）科研力度不够。教师平时的多数任务是课堂教学，其对新课程理念研究较为肤浅，多流于形式，这使一些教师知识老化、学识局限、视野狭窄、现代化教学能力缺乏。

（3）学校评价体制还较为单一。社会上对教师的评价更多的是看学生的分数、学校的升学率，只要学生的考试分数高了，学校的升学率高了，在考试成绩掩盖之下，即使教师在其他方面的表现不是那么突出，也可能得到上级、社会的理解、认可。分数仍然是评价教师的主要标准，这使我们教师不能去创新，仍局限在应试教育的圈子里。

三、促进农村教师专业生态发展的对策

（一）完善学校制度建设和教育资源配置

1. 制订学校发展的共同愿景

学校的发展需要全体教职员工的共同追求和努力协作才能完成，所以针对学校的发展目标，我们要在广泛征求意见的基础上，用科学的方法去制订学校发展的愿景，不要过多地用行政决定的方式确定学校的发展目标。只有这样，我们的团体才能自觉地朝着共同的目标前进，形成自我发展的动力。

目前，我校教育教学质量已走在全县前列，学科带头人、骨干教师、学科研究人员不断涌现，教师专业发展环境不断优化。只要我们认真去实践、探索，教师专业生态发展的道路一定会走得更宽、更稳。

2. 调动教师积极性，完善教师评价制度

学校坚信制度管理必须以人为本，必须注重人文关怀，把制度管理与教师的专业成长结合起来，才能发挥其作用，否则会适得其反，激化矛盾。因此，学校在严格管理制度的同时，创建了激励机制。

几年来，我们先后制定了《骨干教师和年轻教师互助制度》《教育教学科研奖励办法》《教师绩效评估》《教师评职综合评估》等制度，每项制度都让全体教师认识到教师专业发展是教师自我成长的需要。学校为不同教师提供了展示才华的平台，增强了教师工作的成就感，激发了教师的工作热情和工作内驱力。

3. 明确教育目标，营造良好科研环境

学校要发展就要有科研创新，教师要发展就要积极参与教育教学研究。校本教研就是以教学为本，教师从教育教学面临的突出问题中选题，从日常的教育教学中选题，从成功的经验和失败的教训中选题，从自身课堂实践的矛盾冲突中选题，抓住教育教学中的细节问题，以研究者的眼光去审视、反思、分析和解决这些问题。

为了方便教师互相交流和讨论，我们每周举办备课组教研会，进行交流、讨论，因为有较宽松和谐的教研氛围，每位教师都能充分展示自己。近年来，学校省、市立项的科研课题遍地开花，仅广东省"十三五"规划立项课题就有10项，其中有两个省级课题，参与教师人数达教师总数的60%。这为教师的专业生态发展提供了重要平台。

（二）创新教师教育内容和外部能量供应

1. 为教师提供自身专业素养发展的机会

在教师的专业生态发展中，校长是引领者，应为教师的专业生态发展提供条件，要以一个合作者的姿态去倡导和引领教师的专业学习和发展；坚持以人为本，用人性化的尺度去对待每一位教师，以平等的身份去和教师一起交流、讨论，鼓励教师参加各级各类的培训。几年来，我校有5位教师参加了国家的骨干教师培训，10多人参加了省级骨干教师培训，30多人接受了市级骨干教师培训。学校采取导师引领、名师带动的方式，形成了良好的教育教学研究环境，为教师专业生态发展创造了良好环境，提供了智力保障。

2. 探索高校与地方学校合作的试验

学校依托嘉应学院和田家炳基金会参加了"广东客家区域中小学教师培训导师卓越发展高级研修班"项目，按照项目组的要求，教学管理组、英语组、文综组、理科组、艺术科组5个学科组共20人参加培训，并与嘉应学院的5名导师进行订单式培训，制订行动计划，形成发展共同体，解决行动计划中遇到的问题，利用高校的理论指导学校教育教学，用学校的实际问题去充实理论体系，做到互相促进、共同提高、共同发展。

3. 创建家长学校共同探索机制

怎样才能帮助家长树立正确的教育思想，怎样才能使家庭教育和学校教育形成合力，这是学校要解决的重要问题。经过不断探索论证，学校领导班子吸

收家长参与学校德育过程，办好家长学校，充分发挥不同类型家长的主动积极性和示范性作用，让家长提高管理学生的意识，让家长去宣传学校和教师，树立正能量，提升教师的社会认可度，通过家长的成长激发教师增强自我发展的动力。

追求教师专业生态发展，探索农村教师专业生态发展的有效创建，是时代对学校和教师的要求。它需要社会、家长等各个层面的共同协调，这样才能推动教师专业生态的可持续健康发展。

农村中学德育工作现状与有效发展

广东省梅州市平远县田家炳中学　谢　晓

目前，学校德育工作越来越受到社会关注，坚持用习近平新时代中国特色社会主义思想武装学生头脑，用中华优秀传统文化和革命传统教育培养学生爱党爱国爱人民的深厚情感已成为德育工作的共识。但农村中学德育工作与城市学校德育工作还存在较大的差距，如何实施有效德育、创新德育成为摆在所有德育工作者面前的一个重大课题。

一、当前农村中学德育工作现状

当前，农村中学思想道德教育工作正面临许多全新的问题和挑战，如缺乏优秀传统文化熏陶、社会消极因素影响等。在这些问题的影响下，部分学生出现道德缺失、习惯不良、唯我独尊、心理脆弱、沉迷手机、迷恋网络等问题，这不仅给中学生自身的成长带来很大的危害，也干扰了学校正常的教学秩序，社会主义核心价值观在学生中产生共鸣的收效甚微。究其原因，主要有以下几个方面。

1. 重智育轻德育的片面认识依然较严重，致使德育工作有投入无产出

教学成绩这些现实的、看得见的东西往往成为许多学校趋之若鹜的对象，而思想品德和良性道德总是呈隐性状态存在的，其效益在短时间内很不容易凸显，使学校德育工作出现"说起来重要、干起来次要、忙起来不要"的尴尬被动局面。

2. 德育工作方法和内容缺乏创新，难以发挥德育的特有功能

学校德育工作以不突破安全红线为最高标准，教育内容与生活脱节，很少为学生创设亲身感悟与实际体验的机会，很难让学生感受到刻骨铭心的教育实践并使其心灵深处产生强烈的震撼。

3. 德育队伍建设不力，致使德育教育缺乏后劲

校本培训缺乏实效，班主任的班级管理水平和育人能力与现实要求不适应。部分教师缺乏"学高为师，德高为范"的信念，还有少数教师道德失范，品行欠佳。学校对师德的评价考核体系不健全，对师德的重要性认识不足。

4. 家庭与社会的不利因素，冲淡了学校德育教育的效果

随着单亲家庭、外出务工家庭的增多，农村学生缺乏健康的生活方式，部分学生个人利己思想严重，社会公德意识较差，良好的文明行为习惯养成缺失，对传统文化遗忘，盲目追随"美丽而空洞"的社会潮流，这些均已严重危害农村中学生的身心健康，使学校德育教育的效果大打折扣。

二、促进农村中学德育工作的有效发展

教育工作者要本着学生既是我们德育工作的对象，更是德育活动的主体的理念，对农村中学的德育工作做一个比较客观的思考与探索，并通过多种途径使德育工作充分发挥传递时代精神、塑造时代品格的作用，从而为社会发展提供精神动力，进而有效开展德育工作，创新德育工作机制，凸显德育工作实效。

（一）把德育渗透到各学科教学之中

教育家徐特立说过："教书不仅仅是传授知识，更重要的是教人。教育后一代成为具有共产主义思想品质的人。"这就要求我们每一位教育工作者要处理好学科知识与德育的关系、知识教育与德育相互渗透的关系，充分利用课堂把社会主义核心价值观根植于学生的头脑中，收到潜移默化的效果。

（二）要以活动为载体，充分利用农村可行的资源，做到活动育人

1. 充分利用传统节日纪念活动凝聚民族精神

传统节日的形成过程是一个民族和国家的历史文化长期积淀和凝聚的过程，并自诞生伊始就成为民族传统文化重要的载体之一。它独具的喜闻乐见、全民参与的特点决定了它在弘扬民族文化中有着不可替代的重要作用。中国的传统节日形式多种多样，内容丰富，也是我们中华民族悠久历史文化的一个组成部分。在农村，传统节日教育有着得天独厚的条件，农村传统节日有着浓厚的民间气息，但是，学生的认识毕竟比较肤浅，节日往往在吃与玩中度过。所

以，教育工作者要让传统节日发挥其作用，还需要引导学生从文化角度、人文精神角度去挖掘、去认识。比如，认识传统节日和节日食品，了解不同民族节日的有关习俗、传说、故事等，让学生感受高雅的民族传统文化只是认识民族文化的冰山一角，但就是这冰山一角，已让学生看到了民族文化的丰富多彩，感受到了中华传统礼仪及"孝""和"等民族精神的实质。诸如春节时的守岁、贴福字、放爆竹、压岁钱、拜年等许多习俗文化，元宵节时的吃元宵、猜灯谜，端午节时的包粽子、赛龙舟，中秋节的赏月、吃月饼等。这些层出不穷的节日文化，使学生真真切切地感受到了祖国民族文化的博大精深，并为之感到骄傲和自豪。

2. 开展爱国活动，铭记历史，立强国之志

目前，农村学生已有条件实地参观学习红色教育基地，能够更全面、更直观地了解国家近代史，明确历史上很多的日子值得纪念。这些日子见证了中国的衰败与辉煌，记录着中华民族的屈辱与荣耀，镌刻着中国人民的不屈与抗争，承载着一个民族的荣辱历史与文化血脉。传统节日、重大节日是不可多得的对学生进行爱国主义教育的好题材，各种形式的节日纪念能够让学生了解历史、铭记历史，激发学生的爱国情怀，让学生感受今天幸福生活的来之不易，从而树立远大的志向，为实现中华民族的伟大复兴而努力学习。

3. 充分利用有限的资源尽可能地加强学生德育工作

农村的教育资源虽然有限，但农村学生的精神面貌很好，他们同样拥有一颗积极上进的心，他们的淳朴和勤奋使我们开展各种课程教学以外的教育活动更有意义。我们可以推行动态的"星级学生"评比活动，争取让每名学生都能在学习和生活中找准自己的人生坐标，体验到成功的快乐。我们还可以通过开展文明班级评比、讲传统文化、讲红色故事等系列活动，熏陶教育学生，使学生逐步养成良好的行为习惯和学习习惯。

4. 学校、家长和学生三位一体，唱响"爱的主旋律"

目前，农村学校的留守学生较多，学生思想浮动较大，学校应对学生更加关心，共同唱响爱的旋律。学校通过开展"党员挂钩帮扶贫困、学困生""师徒结对帮扶""感恩教育""心理健康教育""关爱留守孩子"和"家长开放日"等系列教育活动，以及撰写心灵日记，组织感恩体验活动，开展个别心理辅导、挫折教育等活动，加强对学生的教育和管理，尤其是对于留守学生这个特殊群体，更应予以极大关注，针对留守学生普遍存在的家庭教育薄弱、亲情缺失、缺少精神关怀等问题，健全留守学生"代管家长"制度，建立留守学生亲情档案，开通留守学生亲情电话，构建起留守学生动态管理体系。这样可以极大地丰富中小学德育内容，增强德育的针对性和实效性，真正使德育工作深入学生的心灵深处。

以梅花品格育梅花人格

——基于梅州中学人格教育的探索

广东省梅州市梅江区梅州中学　邱少旭

一、校园梅花环境：以物感人

梅州中学的校徽、校服、校园、建筑无不印上了梅花的图案，学校在潜移默化中已将梅花谦逊和傲骨的品格融入每一名学生的心中，学校无处不在的梅花形象深深影响着梅州中学的莘莘学子，体现着梅州中学的育人理念。学校的尊师园、桃李园、紫华阁、校门旁、走道等各个角落都有国内外校友捐赠的梅花，每年12月至第二年3月，梅州中学俨然就是一个梅花园，梅花树丛间的琅琅书声则是校园独特的风景。尊师园的喷泉、图书馆顶楼、雪麟楼的顶楼、彩荪楼的钟楼都把梅花造型巧妙地设计到建筑物中，彰显着梅花文化。每到睡莲盛开的季节，图书馆前的莲花池的池塘中心就开出千百朵由睡莲组成的"梅花"，它们既有莲花的清香，更显梅花的高洁！"遥知不是雪，为有暗香来。"师生们浸染在梅花的美丽典雅和清香中，唤起了美的意识，心灵得到美的熏陶和启迪。梅花的风骨、梅花的品格也融入师生的心里，达到"润物细无声"的效果。

二、校本梅花资源：以源养人

梅州中学"梅文化"的校本课程基于学生、社会和知识三种取向形成人格教育课程。结合本校的历史文化积淀和本土特色，学校提出了"以梅为题，塑造学生人格魅力"的人格教育校本课程，使人格教育校本课程化。学校百年历史就是学校和校友不屈不挠的梅花精神的历史。梅州中学自1904年由清末著名外交家、诗人黄遵宪创办以来，经历了清末、民国、中华人民共和国三个历史时期。1912年至1966年，梅州中学一直是广东省立重点中学，经历了风风雨雨屹立至今，成为首批"广东省一级学校"和"国家级示范高中"。学校培育了开国元勋叶剑英元帅以及李国豪、江欢成等8位院士，还有著名画家林风眠和南岭梅。叶剑英元帅在校求学期间就对梅花品性和风骨钟爱有加，写下名篇《梅》："心如铁石总温柔，玉骨姗姗几世修。漫咏罗浮证仙迹，梅花端的种梅州。"20世纪50年代，著名画家南岭梅先生就读于梅州中学，几十年如一日专攻梅花，母校的梅花无时不牵动着他的心。2013年他在母校设立"南岭梅助学金"，鼓励梅州学子发扬梅花精神，知难而上，努力成为有理想、有爱国之心、有真才实学的人才。叶剑英元帅、南岭梅先生、曾宪梓博士等一代又一代的"梅中人"，在艰苦环境中体现出来的奋发的刻苦精神和对事业孜孜不倦的追求，正是母校所发扬的梅花精神。

三、课外梅花活动：以行炼人

梅花是客家精神的象征，更是梅州中学学子的精神象征。学校通过丰富的校园文化活动和社会实践活动引导学生学习、体验、理解"梅文化"，提升学生的审美修养，促进学生进行自我教育，体验社会责任，从而贯彻实现"关注自我、关注自然、关注社会"的教育目标。学校每一年都会举行一系列"植梅、赏梅、咏梅、画梅"的传统活动，并形成了梅州中学独特的"梅文化"，如"以梅为题"的演讲和诗词名篇朗诵、"梅花精神"征文大赛、"美丽梅中"的梅花摄影展和画展。梅花文学社将优秀学生的"以梅为题"的演讲和朗诵内容和梅花美文刊登在校刊《梅花》上，促进了学生对梅花精神的理解，加深了学生对梅花的情感。"美丽梅中"的梅花摄影展和画展让全校师生在艺术创作中领略梅花的"已是悬崖百丈冰，犹有花枝俏"的风骨和"她在丛中笑"的乐观豪迈。此外，在社会实践活动中，梅州中学志愿者、社团微尘社经常到福利院为孤寡老人献爱心，参加校外公益活动等，默默践行着梅花的奉献精神。学校通过让学生主动参与、亲身体验校内外的活动，使其知、情、意、行同步发展，培养学生高尚的情操和如梅花般坚定的意志。

四、课堂梅花文化：以文化人

课堂教学作为学校教育的主渠道，是培养学生人格的重要途径。梅州中学利用班会课、语文课、美术课和音乐课等课程渗透梅花文化和精神，培育学生的梅花人格，教师在实际教学中提升学生对"梅文化"的理解，在教学过程中加强对学生人格的培养。

在语文课的古诗词中，梅花不仅能给人以美感，还能培养学生乐观豁达的健康人格。苏轼贬官黄州，备受打击，满腔哀怨，正是"江头千树春欲暗，竹外一枝斜更好"的梅花使得原已心如槁木死灰的他重焕生机；陆游的梅花名句"零落成泥碾作尘，只有香如故"既能使学生体会到梅花的奉献精神和清新脱俗，又能滋养学生积极乐观的心灵，使学生以梅花宽广温暖的怀抱接纳遇到的苦难，坚定克服学习困难和生活磨难的信念，积极面对生活和人生。诗人王维的《杂诗》中的"君自故乡来，应知故乡事。来日倚窗前，寒梅著花未"的故乡情引发学生对亲情、师生情、同窗情、母校情的关注和共鸣。在美术课上，教师通过让学生欣赏、学习校友林风眠大师的《红梅图》和画梅名家南岭梅先生的作品等，使学生学会赏梅、画梅。在音乐课上，教师让学生鉴赏并学唱梅州中学校歌"五岭东趋尽揭扬，中有梅花乡，横枝独傲冰雪里，畸人节士代相望……"，使学生感受梅州中学厚重的历史和文化积淀，勉励梅中学子"行已有耻，为学之纲，自强不息，进德之方，勖哉吾辈，毋怠荒，毋怠荒，努力好修以为邦家光"！还让学生演练校友叶剑英元帅的《梅花曲》，传承叶剑英元帅为人民、为国家鞠躬尽瘁的大无畏和大公无私的梅花精神！教师通过班级文化、教学文化、纪律文化和精神文化等"梅文化"对学生进行人格滋养，在课堂教学活动中形成梅州中学独特的课堂文化，成为师生自觉遵循和奉行的共同的课堂精神、教学理念和教学行为，培育学生的高尚情操，以及坚强不屈奋斗精神的梅花人格。

五、教师梅花人格：以师育人

乌申斯基说过："在教育工作中，一切都应以教师的人格为依据。"教师的人格对学生的影响是任何教科书、任何道德箴言、任何惩罚和奖励制度都不能代替的一种教育力量。一位优秀教师的魅力在于如何吸引学生去热爱学习，在于为学生做出人格的楷模。教师的人格魅力是教育成功的原动力，正所谓"亲其师而信其道"，梅州中学全体教师上下一心"咏梅花精神，明教师之志"。"宝剑锋从磨砺出，梅花香自苦寒来。""俏也不争春，只把春来报。待到山花烂漫时，她在丛中笑。"梅花的"坚韧不拔、百折不挠、自强不息、坚强刚正、奋勇当先、铁骨铮铮、独具风采"，正是一代代梅州中学教师的真实写照。梅州中学教师以"零落成泥碾作尘，只有香如故"这种梅花"先天下而春"的精神，做开拓创新的表率，以梅花精神塑造学生的梅花品格，培育学生的梅花人格。

学生在校园中的学习时间虽然是短暂的，但是人格的形成和健全是长久的。梅州中学以"梅花品格"来培育学生的人格，这将是一项长期而具有重大教育实践意义的教育教学探索。只要持之以恒，不断开拓创新，梅州中学将形成以"梅文化"为中心的学校精神、学校特色和学校文化，梅花品格将培育出更多具有梅花人格魅力的梅中学子。

参考文献

倪婧.用教师的人格魅力塑造学生品质［J］.现代教育科学（中学教师），2010（6）:31.

导学相伴，共享成长

广东省梅州市平远县田家炳中学　黄纯新

　　践行社会主义核心价值观是新时期对全体劳动者的呼唤，是对实现中华民族伟大复兴的要求，是对社会主义现代化的建设者和接班人的托付。初中道德与法治教学的重点在于社会主义核心价值观的弘扬。精心编写和设计导学案来敦促未来建设者和接班人的价值观的有效养成，让价值观走进课堂，走进青少年的心中，需要我们积极实施导学案，推进高效课堂改革。

　　导学案是集学生用的学案、练案和教师用的导案于一体的文本。导学案真正体现了教师的主导作用和学生的主体地位，真正实现了因材施教。那么导学案应该如何进行落实呢？我的探索有以下几个方面。

一、指导学生明确学习目标

　　只有确立了学习目标，学习才有方向，学习目标和学习内容才具有极强的内在统一性。一节课的学习目标可能是一两个，多的还有可能是三四个，内容是让学生明确某一个方面的知识的重要性，如梦想的重要性，即编织人生梦想是青少年时期的重要生命主题，有梦想就有希望。青少年该如何做是学习目标的另一方面的内容，如如何实现中国梦。学习目标还应明确教学重点，使教师和学生一看就清楚整节课的重点知识。

二、指导学生学会自主预习

　　教育家吕叔湘先生说："老师给学生一把钥匙，他拿了这把钥匙能够自己开门、翻箱子，到处去找东西。"教师要指导学生自主求知的方法，提高学生自主学习的兴趣，具体方法如下：①指导预习。自主学习的预习贵在独立性，是学生独立获取基本知识的重要一环。指导预习可按"扶——放"原则进行。首先教师可设置自主预习题，在"学什么""怎样学"两个方面对学生加以引导，坚持训练一段时间后，再让学生走上自学的道路。②鼓励学生独立思考，勇于质疑问难。我们要创设条件，努力营造氛围让学生质疑问难。教师要善于灵活地向学生提出探究性问题，通过提供良好的学习氛围，激发学生自主学习的兴趣。教师在课堂上创造轻松、愉快的学习气氛，能使学生情绪高昂，思维活跃，学习兴趣和信心倍增，智力活跃，接受能力强。在课堂上，教师要善于利用教材，灵活运用各种有效的教学方法，激发学生的学习兴趣，把自主权交给学生，真正达到培养学生自主学习能力的目的。③进行检查。方法一是小组内学生交叉检查，方法二是各个小组交叉检查，并做好记录，体现公平和平等。

三、引导学生学会合作探究

真正意义上的合作探究需要给学生充足的时间，让他们开动脑筋、积极交流、达成共识。教师让学生以小组为单位进行合作探究，为学生提供畅所欲言、各抒己见的机会，这样能有效地培养学生的交际能力。教师首先要给学生创设一个民主、平等、和谐的环境，让学生充满自信，积极投入自主学习。在教学中，设计小组讨论、全班交流的环节，让学生做学习的主人，充分表达自己的思维方法及过程，揭示知识规律和解决问题的方法。这种方式能够加强学生之间的交往和沟通，促进学生相互之间的了解，同时对其他同学的思路进行分析和思考，然后做出自己的判断。这不仅锻炼了学生的交际能力，也增强了他们的生活实践能力。这种合作学习为每名学生提供了表现自己的机会，不仅使学生自己对知识理解更丰富、全面，而且能充分放飞学生的想象力，使其能力得到提高，同时培养了学生之间团结友爱、互助合作的精神。

四、指导学生进行导学测评

测评是为了巩固与提升，教师要做到客观、公平公正、实事求是、诚实守信，还要给予学生相关指导：一是要求学生必须独立完成，认真解答；二是要求学生认真阅读材料，准确领会题意，找到准确的答案。

五、指导学生进行单元复习

教师指导学生把某一单元的知识结构提纲具体定出来，按知识结构的有关内容进行复习讲解，使学生在脑海里形成知识体系的轮廓，为学生搞好复习奠定框架基础，具体方法如下：①问题式的系统谈话法。政治课的复习要从复习的重点入手，用问题式系统谈话法来要求学生。从掌握的"知识点"进行提问，但是在此过程中教师要注意，问题要有一定的难度，提问太简单将达不到检测学生掌握知识情况的目的。问要有价值，切忌不分轻重巨细，一问到底，由满堂灌变成满堂问，使学生无所适从。提问要紧扣教材和学生的知识水平，联系社会现实热点，如果过于空洞或高深，会使学生不知从何答起。问题要有层次性、逻辑性，先易后难，不能打断知识结构的逻辑顺序。对学生的回答，教师要做出公正的评价，回答不完整或有错误应给予鼓励。②比较法。比较法就是对学生所学过的知识内容相近或相关易混淆的知识进行比较，使之一目了然，省时、省力，进而牢固掌握。③组织学生认真完成设计好的单元复习题。

六、教师自我评价与反思

教师在自我评价中要对自己的教育教学行为进行自我反思，要充分认识自己的优势和不足。评价的目的不在于评优评劣，而在于由此形成改进的计划，促进自身教学能力的提高。自评是促进教师反思能力提升的最佳途径。教师在自我评价中的反思可以围绕以下内容进行：①思所得，发扬长处，发挥优势；②思所失，吸取教训，弥补不足；③思所疑，加深研究，明白透彻；④思所难，化难为易，水到渠成；⑤思创新，扬长避短，精益求精。

一节课下来，教师应静心沉思：是否运用好了学导式高效课堂的教学模式，教学目标是否明确，教学过程中学生自主预习是否到位，组织学生讨论、交流，合作、探究是否得当，导学测评是否运用得当，等等。教师要及时记下这些得失，并进行必要的归类与取舍，考虑一下再教这部分内容时应如何改进，并写出新的教学设计。这样教师就可以做到扬长避短，精益求精，特别是可以为自己下一年的同期教学提供极好的帮助，避免再走弯路，从而提高自身的教学能力和教研水平。

时代在呼唤，课改永远在路上，只要我们积极实施导学案，努力探索教育教学的新路子，就能不断提高课堂教学质量，实现教育教学目标；不断弘扬社会主义核心价值观，就一定能培养出社会主义现代化建设的接班人、实现中华民族伟大复兴的劳动者、实现中国梦的追随者。

学导式高效课堂的建设

广东省梅州市平远县田家炳中学　陈军民

党的十九大报告强调，要深化办学体制、管理体制、经费投入体制、考试招生及就业制度等方面的改革，深化学校内部管理制度、人事薪酬制度、教育管理制度等方面的改革，深化人才培养模式、教学内容及方式方法等方面的改革。进行课改是践行习近平新时代中国特色社会主义思想的最好方法，其目的是促进学生的全面发展，全面提高学生的素质。因此，教师必须在教学方法、教学设计等方面进行创新和探索，发挥学生的主动性和积极性。

学导式高效课堂由预学——导学——研学——收获组成，关键在学，根本在导，最终达到高效。

一、构建学习小组

构建学习小组是让学生自主学习探究的重要途径，是学导式高效课堂的根本策略。分组是为了竞争，学生在竞争中能够提高学习的兴趣和主动性。教师在课堂上设计各种问题，让学生进行探究、讨论，找到正确的答案，再依据各小组回答问题的积极性、准确率、合作情况等给各小组评分。班主任每周、每月进行一次总评价，评出先进小组，让学生在竞争与合作中愉快地学习。这是打造学导式高效课堂的基本教学模式。

二、学导式高效课堂在学生自主预习方面的指导

古人云："少年若天性，习惯如自然。"学生只有养成良好的学习习惯，才会将追求知识当成生活中重要的事情去对待。掌握预学的方法，有助于学生

形成学习的良性循环，使学习变为主动。这种方式既能培养学生独立思考的能力，又能使学生养成良好的学习习惯。课前教师要编写一份高质量的导学案：首先，导学案的服务对象是学生，以生为本；其次，导学案的编写是为了方便学生的预学，以方便"学"为出发点。导学案的编写和使用水平是判断教师的教学功底和敬业态度的依据。导学案是学生学习的向导，也是最终要实现的目标，故其内容要做到预习目标明确，预习要点具体。此外，要求学生在预习后提出问题也是提高学生预习效果的一个重要手段。

三、学生课堂上的合作学习——导和研

叶圣陶指出："先生的责任不在教，而在于教学生学。"无论是传统课堂，还是新课改课堂，教师都要组织教学，围绕以导学案为主导、以学生学习占主动、以问题为主线、以学生活动为主轴四个方面进行教学活动。教师要做一名"激励者"，尽可能利用小组评价、激励语言及其他激励办法来激励学生。

以生活情境导入新课，教师在教学中激发学生的学习兴趣是非常重要的。学生的学习兴趣一旦被激发，他们就会产生一种强烈的求知欲和探索欲。这不仅可以一扫课堂的沉闷，使师生双方心情愉悦，而且可以变抽象为具体，化枯燥为生动，收到事半功倍的教学效果。例如，在学习《新学校，新同学》一课时，我从平远县田家炳中学"见到师长要问好，发现问题要问清"的标语入手，让学生懂得进入新的学校要有新的起点。我校开展的"双问"活动就是要求新同学要懂得如何做人，如何学习。教师应充分运用身边的生活场景导入新课，激发学生参与课堂教学的积极性和主动性。

教师用现实生活中的热点问题创设情境，既有利于调动学生的学习积极性，又便于引导学生较好地理解课本知识。用生活中的热点问题创设情境也是提高学生分析问题、解决问题能力的有效办法。

教师可以准备好问题让学生思考和相互讨论。教师要充分信任学生，放手让学生自己学习、思考、质疑、合作、讨论，把学习交给学生，把责任留给自己。

四、学生的收获

1. 引导学生主动进行以学评教

引导学生进行以学评教，以学促教，不在于教师讲得如何精彩，而在于

学生学得是否主动。课堂气氛要和谐、民主。学生敢问、敢说、敢上黑板、敢下桌讨论，形成一种积极主动、争先恐后的学习氛围。学生读、说、议、评、写贯穿始终。课堂评价要看学生是否会提问，是否会自学，是否会展示，是否会倾听，是否会评价，是否会质疑，是否会讨论，是否会总结，是否人人都参与，是否都有成功的体验，是否真正获得能力发展，教师要以这样的评价来引导新型课堂的形成。总之，在高效课堂上要充分发挥教师的主导作用，就要注意调动学生学习的主动性，培养学生进行有意义的学习，以培养学生的学习能力和提高思维能力为目标对学生进行引导，并注意把握"导"的时机，掌握"导"的方法，这样才能达到优化教学的目的。

2. 通过学生的课堂测评，检验教学效果

测评的目的不仅要检查学生掌握主要的基本知识的程度，又要有创造性地通过测评使学生有所提高。作为各小组周、月评价的重要依据，测评的结果有利于小组成员加强合作，互相支持和鞭策。学生通过互相监督，能够提高学习的自觉性、主动性。

学导式高效课堂教学的根本是以学生为中心，学生自主探求和相互讨论。教师时刻考虑学生的需求与感受，千方百计地彰显学生学习的"主权"，使课堂活起来，让学生自立自强"动"起来，体验自学、合作的快乐，这样教师的教学效果就能好起来。学导式高效课堂的最终目标是实现学导式高效课堂学习小组的建设、学导式高效课堂学生自主预习的指导、学导式高效课堂学生合作探究与学习、学导式高效课堂导学测评的实施。高效课堂是通过科任教师对学生的评价以及班主任对小组的评价来实现的。

扬帆远航　班级管理

做一位"施爱有度"的班主任

广东省梅州市梅江区梅州中学　陈永红

作为一名有28年教龄的老教师，我仍然乐在其中地坚守在班主任阵线上，这绝对是真爱。在华师大读书时，我印象最深的是陶行知先生的雕像和先生说的"爱满天下"。爱是教育永恒的话题，没有爱就没有教育。施爱有度，方能爱满天下。

一、爱学生要有温度

让"爱"暖心。爱不能仅仅停留在口头上，还要体现在日常细微的行动中，如在多雨天气，教师要嘱咐学生带好雨具和更换的衣服；观察学生上课的状态，发现有学生身体不适及时关心；学生鞋带松了及时提醒。爱，要让学生感受到暖意，爱是有温度的。比如，中秋节时，只要遇上学生返校晚修，我都会带上月饼和水果与住宿的学生一起过一个简单的中秋之夜。多年以后，学生都会记起那年的中秋节。班主任的暖暖爱意将点亮学生心中的爱。

1. 爱，要尊重

教师要教会学生懂得尊重，首先自身要懂得尊重和包容学生。教师不能因为学生成绩差、调皮捣乱等原因就轻视学生，也不要过分溺爱学生，如身体有缺陷的学生比较敏感，如果教师对其过分关爱，反而会让学生感到自卑。教师应该做的是在关爱中有尊重，引导其坦然面对，鼓励其勇于挑战，这才是"真爱"。对家庭有困难的学生，关爱中亦要有尊重。2008届有一名学生，他的父亲当时得了尿毒症，他的母亲因照顾病人又要忙于生计，天冷了忘记给他加被子，他不想给家里添麻烦，也不想让同学知道他家里的状况。我便从家里悄悄送了一床厚被子给他，十年聚会时，他发了一条信息给我：老师，我永远记得那床被子。

2. 爱，要接纳

爱，要接纳学生的不完美。班主任都希望看到自己的学生成为优秀的人，即使学生有缺点、有不足，也都希望在自己的努力教导下能使他们得到转变。但事实上，班主任并不是那么神通广大，并不能改变所有。曾经有一名学生，他在家长眼里就是怪物，同学跟他也无法交流、沟通。他认为没有人能理解他的世界，没有人能接受他的想法。作为他的班主任，从文学作品到人生看法，从宗教信仰到人性剖析，无论我从哪个方面入手，他都不愿谈及他最不能释怀的事。面对这种情况，我能做的只有"接纳"。这名学生因为我的"接纳"把我当作朋友，他说将来自己也想成为一名老师，说也许有一天会向老师敞开心扉。

3.爱，有密码

曾经教过一名学生，他是单亲家庭的孩子，从来没见过父亲。这名学生看人的眼神是拒人于千里之外的，他对同学、对老师都是满脸的冷漠，对班级、对学校也是旁观的心态。我几次跟他谈话，都无法走近他的内心。每次上课，我只要看到他的眼神，心里就不是滋味，但又无法破解。直到有一天中午，我接到科任老师的电话，说他跟同学玩不小心鼻子受伤流血不止，当时我在学校租房住，一听说这件事，放下饭碗就跑到教室，帮他止住血后送他回家，让他妈妈下午带他去看医生。我联系到弄伤他的学生家长，做好该生家长的工作，让她先打电话致歉。之后一周的周记里，我看到他写道：我没想到我在老师、同学眼中还那么重要，一次受伤竟然有那么多人关心我。我在周记里写上评语："你真的很重要，大家都一直很关心你，你用心体会下。"这名学生从此就变了个样。每名学生接受爱的方式不同，有些学生容易接受，善于与老师交流，爱表达。有些学生，特别是原生家庭缺乏爱的学生，比较容易出现拒人于千里之外的情况，让你的爱无法进入他们的心。这就需要我们教育工作者去努力寻找爱的"密码"，只有找到破解的密码，才能真正走进学生的内心。

4.爱，是为了传递爱

爱的付出，最好的结果是实现爱的传递。我们教学生要会感恩，也希望学生能回报你的爱，但我们更愿意看到从我们这里出发的爱，最终通过我们的学生传递给更多的人。爱，不是母鸡爱小鸡，爱是让学生学会爱，懂得爱，让学生在爱中成长，让爱可持续发展。

二、爱工作要有高度

既然是教书，就不能误人；既然是育人，就要德为先。爱上工作，说起来容易，真正做到真不易。班主任管理着几十名学生，每天悬在心上的是安全问题，需要应对各种突发事件，年复一年地做着同样的事，久而久之，职业的倦怠感便产生了。虽然每个人当教师的"初心"不一样，但既然入了行，教书育人便成了你的一种谋生的手段，尽职尽责做好工作是最起码的职业道德。如果我们能对所从事的职业认可、敬重，真正做到心生欢喜，真正爱教育，充满激情地去教学，那这个"爱"就有了"高度"。

三、爱要给自己留余地

中国画讲究留白，施爱也要给自己留有余地。班主任学会爱自己也是一件不容易的事。班主任每天早出晚归，日复一日，真会感到疲惫不堪，可以戏称为"非常6+1""白+黑"。还要应对来自上级、家长、学生的种种压力，想要放松也不敢，若加上"熊孩子"和家长、领导的不理解，家人的不支持，等等，那更是焦虑。长时间处于高强度、高压力、高期待的状态下，班主任想好好爱自己确实不容易。但是，越是苦和累就越是要爱惜自己。爱自己，心态很重要。做班主任要学会管理自己的情绪，学会把工作和生活进行必要的剥离，用生活的小情趣来缓解工作的疲惫和压力。爱自己，健康很重要。我们不要过分透支自己，让自己的身体得到充分的锻炼和休息。爱自己的家人，尽到做子女、做伴侣、做父母的责任。家庭是我们的后盾，没有尽到责任，就难以获得家人的支持。讲奉献的同时给自己和家人留一份爱是必须的。这是对自己和家庭的负责，也是对工作的负责。我们要把对自己孩子的陪伴和教育，当成自己事业的一部分。

愿大家在付出"爱"的同时把握好"度"。爱，幸福着；累，但快乐着。

让沟通在周记中闪光

——浅谈周记在班主任工作中的重要作用

广东省梅州市梅江区乐育中学　李清容

有教育工作者曾经说过："在班主任的工作中，沟通是一把永不生锈的锁，它能锁住师生间的真情和热爱；沟通是一张阳光下结出的蜘蛛网，它能网住许多颗稚嫩的心，能网出无数个朴素而又美丽的心愿！"的确，班主任要想管理好整个班级，与学生的沟通无疑是第一位的。沟通的方式有很多，其中，让学生坚持写周记这一方式对我有效地开展班主任工作起到了重要的作用。

一、促进师生互相了解

俗话说："知人才能善教，善教须先知人。"班主任要对学生进行思想教育工作，必须了解学生的个人信息。这时候，如果你能每周批改一次周记，便可以深入了解学生的内心，了解他们的家庭情况、个人爱好、对老师的看法、与同学之间的相处情况等，还可以了解哪些学生在纪律和学习方面欠佳。同时，周记中真诚的批语、鼓励的话语、善意的批评等更能让学生感受到班主任的性情、为人等，使他们愿意亲近班主任，从而给班主任的教育工作带来便利。

例如，我班的钟路在周记中写道："老师，你为什么把我调到后面坐呢？我想了很久，觉得自己没有做错什么，所以我想知道原因。"学生的言语中流露出一丝不满和疑惑，要是我不加以解释，日后难免会使她心理上造成阴影，她也会认为我对待学生不公平。于是，我在她的周记中批道："钟路，对不起！这是老师的疏忽，没有考虑你的感受，调你到后面坐是想把两排的男生隔开，这样能避免他们上课讲话。老师一直认为你的表现很好，相信你在后面坐也能认真学习！"下一次，我迫不及待地翻开钟路的周记，只见她写道："老师，对不起，我误会你了。谢谢你对我的信任，也谢谢你的良苦用心。"从我与学生之间的互相了解到互相理解，谁能说这不是周记在起作用呢？

二、增进师生情感交流

周记不仅能让师生互相了解，还能增进师生的情感交流，让师生心灵不断贴近，从而使学生在周记中能对教师敞开心扉、畅所欲言，真正做到用"心"与教师交流。教师因此能及时了解学生的思想动态，并及时成为学生的欣赏者、鼓励者、倾听者与抚慰者。

例如，我班的一名后进生在周记中写道："老师，其实我也很想上课认真听讲，很想取得好成绩，但就是控制不了自己，我该怎么办？"面对这样的困惑和无奈，我这样写道："你能意识到自身的不足，这是难能可贵的，其实你只是缺少一个具体的目标，一种前进的动力！你曾经说过要争取实现'东中梦'，但这个目标只是一个空架子，你应该用更多具体的目标来充实它，你要让自己的每一天都在不断实现目标的喜悦中度过。"这些文字虽然不能立竿见影，但这名学生明显受到了触动，且越来越喜欢在周记中与我交流。

又如，一名内向的女生在周记中写道："老师，我是一个不善言谈的女孩，但我内心有好多话想说……你愿意做我的朋友吗？"我非常高兴地批下我的答语："谢谢你对老师的信任，让我们相约在每一次的周记中吧！"一学期下来，我明显地感到她变得开朗、自信了，她还会尝试在公众场合发表自己的看法。

无须过多的说教，我们只需用心倾听学生的心声，并适时加以引导，便能收到事半功倍的效果。

三、推动师生共同进步

时代的发展赋予了班主任工作新的内涵：帮助不同层次的学生在各方面都有所提高。在周记中，班主任恰到好处的批语便是使各种层次的学生不断进步的简单快捷的方法之一。

例如，我班有一名自尊心极强的男生，开学初他表现良好，后来自制力变差，开始在课堂上开小差，我没有把他叫到身边提醒，而是在周记本上写道："嘉文，最近你的自制力变差了。你向来是个懂事的学生，老师相信你知道以后的路应该怎么走！"周记本发下后，他的表现明显好转，他在周记本上写道："开学至今，老师第一次暗暗批评了我，非常照顾我的面子，让我很感动。感谢老师对我的信任，我一定不会让老师失望。"周记中一次次的提醒，让这名男生越来越自律。

在教育教学中，学生好比《皇帝的新装》中天真无邪的小孩，是最敢于说真话的，他们即使不当面提出对每位老师的看法，也会在笔端如实地反映，有时还会表现为态度鲜明、毫不客气。因此，批改周记也是班主任自我反思的一个环节，它能让班主任在自我对照中获得宝贵的经验和教训，不断实现自我超越。

例如，我班有一名学生在周记中写道："老师授予我们无穷的知识，我们应尊重老师，但老师也应保护学生的自尊心，不应该在课堂上当众批评学生，伤害学生的自尊心，否则，这种方式不但不能起到教育的效果，反而会适得其反。老师，您认为呢？"另一名学生写道："老师，我觉得你对那些调皮捣蛋的学生太宽容了，你应该对他们严厉惩罚，这样他们才不至于屡教不改。"学生的周记不断提醒我要努力完善自己的工作，鞭笞我不断地学习新的知识，掌握更多、更新、更好的教育方法，以适应时代的不断发展。

周记烙印上了学生前进的足迹，这里有成功的喜悦，有进步的欢愉，有成长的烦恼……周记不仅为学生的进步添砖加瓦，更为班主任创建文明班级立下了汗马功劳。

参考文献

［1］魏书生.教学工作漫谈［M］.桂林：漓江出版社，2008.

［2］巴班斯基.教学教育过程最优化［M］.吴文侃，译.北京：教育科学出版社，2001.

浅谈教师应该如何正确评价学生

广东省梅州市梅江区梅州中学　王巧

在教育教学中，教师往往喜欢选择用评价的方式去促进学生的身心健康、学习习惯、思想品德等方面的发展。关于应该如何选择符合教育规律、体现时代特征、促进学生全面协调发展和充满活力的评价方式，下面笔者将谈谈几点个人的看法。

一、改变传统的终结性评价观，注重发展性评价

首先，教师在评价时最好不要赞赏学生的智能，如"你成绩好，在这方面一定很有天赋"，这会使学生将好成绩归因于自己的智能，因而在面对困难时不愿意继续努力去克服。教师也一定不能轻率地给学习落后的学生下结论，简单地评价他的智力有问题。这些评价都不利于学生进取心与自主学习习惯的培养，不利于学生的进步与发展。

其次，传统的学生评价比较强调评价的甄别、选拔功能，喜欢排名次，比高低。在这样的评价过程中，只有少数所谓的"优秀者"能够体验到成功的快乐，获得鼓励。如今，促进学生发展的评价承认了学生之间的发展存在差异，教师要运用发展的眼光看待每一名学生，无论是面对优等生，还是中等生、后进生，都要肯定他们在学习时所付出的努力，赞扬他们取得的进步，让学生感觉自己在原来的基础上获得了明显的进步。很多"一锤敲定"的评价会把学生禁锢在学习知识的"起跑线"上。很多学生在某次失败后，教师只给予其否定的评价，而没有给予发展性评价，自此之后，学生的自信心便会受到严重的打击，以至于他们在学习时对知识的掌握与理解都不到位。教师应该始终坚持

"宽容、原谅、鼓励"的原则，注重发展性评价，让学生更加自信、健康、快乐地成长。倘若教师已经对学生做出否定的评价，就应该对之前的观点进行进一步阐述，对学生提出一些建议和希望，适当的时候还可以给学生重新获得评价的机会。总之，教师要让不同起点的学生努力付出后都能够获得赞赏，让他们体验到成功的喜悦，感受到学习与成长的快乐，从而使学生形成成长型思维。

二、关注过程性评价，促使学生努力进步

教师应该走近学生，从多方面关注学生，在了解学生原有的层次水平的同时，了解其活动过程，从中发现学生在各个时期各个环节的进步状况和努力程度，重视对学生学习和发展变化过程的动态评价。因为，促进发展的评价不仅需要终结性的结果评价，更需要形成性的过程评价。教师通过教育教学活动的各个环节，具体关注学生的发展，分析学生，形成对学生发展变化的正确而全面的认识，充分利用激励机制，适时、恰当地对学生的学习态度、行为、成果等进行评价，善于运用表扬对学生的多方面能力——表达能力、分析问题、思考问题、解决问题等能力进行及时评价。在此基础上，教师应针对他们的优势和不足，给予激励或提出具体的、有针对性的改进建议，从而促进学生的进步与发展。也就是要将视角从关注结果转为关注每一名学生是怎样发展的，通过关注"过程"来促进"结果"的提高。

三、建立促进学生发展的新体系

根据以上评价方式，笔者认为可以采取以下的新体系来促进学生发展。

1. 建立成长记录袋，注重过程

教师可以建立学生成长记录袋，以取代过去单一的终结性评价与简单的一份各科期末成绩单。成长记录袋里的成长卡能突出体现学生成长过程中各方面、各阶段进步变化的足迹，使之成为学生的一面镜子、一块路标，伴随着学生一起成长，不断促进学生全面健康发展。成长袋里的成长卡由各年级主任、班主任、学科教师、家长、学生等多元参与建立。成长卡应包含学生在思想领域、认知领域、情感领域、社会领域、健康领域、艺术领域、发展领域等方面的成长情况。各学科成长卡的内容可以包括学生的基本情况、各学科的综合素

质发展、进步展示区等。教师可将成长袋设计得活泼可爱、内容丰富，让其随着学生一起成长。随着时代的发展，教师还可以建立具有实效性、灵活性和可操作性的学生电子成长卡。

2. 单项测试，挖掘潜力

单项测试从各学科的特点出发，侧重测试学生在期末试卷中不易体现和评价的内容，如语文口语交际、朗读，数学动手操作、口头表达，物理实验操作，英语听与说等各单项能力的评定，力求体现学生三维目标的发展状况，客观反映教学的全过程，充分发挥考试测评的导向作用。单项测试活动平时由任课教师分项目对学生进行测试，每学期由学校各大科组组织对学生进行抽查检测，以进一步推动学校课堂教学改革的深入开展和素质教育的全面推进。

总之，教师在教育教学的过程中要把握好对学生的评价。评价的目的应该是促进学生发展，而促进学生发展的评价需要承认学生之间的发展存在差异，需要把终结性的评价变为过程性的评价，真正关注每一名学生是怎样发展的，了解学生在发展中的需求，充分调动学生的积极性，提高学生的自信心，并在此基础上给予激励或提出改进建议，从而挖掘学生的潜力，培养学生不断自我完善的心理品质，促进他们在学习、思想、习惯上全面提高，让学生在现有的基础上谋求实实在在的发展。

班级管理中批评策略的研究

广东省梅州市梅江区梅州中学　杨文姬

教育是国家发展、社会进步的基石，也决定着一个人的成长和发展。"金无足赤、人无完人"，人在不同的时期、不同的方面都会存在许多不足。学生，特别是中学生，正处于心理、性格、人格形成和塑造的关键期。因此，在班主任的日常班级管理中，遇到学生犯错误是非常常见的事情。针对犯错误的学生，班主任进行班级管理中的批评教育，是帮助学生认识错误、改正缺点的有效方式，也是班主任和每一位教师应尽的义务和责任。抛开批评教育这一教育方式，会不利于学生心理健康发展，更可能导致学生的心理承受能力变弱、抗压能力变弱，无形中使学生变成不能经历风雨的"温室花朵"。因此，对班级管理中开展批评教育的策略进行研究显得十分重要。

一、班级管理中实施批评教育行为的意义

班级管理是学校管理的重要组成部分，有效的班级管理是维护学校秩序、保证教学质量、实现教书育人目标的基本保障。班级管理的方法是多种多样的，当今最盛行的是鼓励教育、赏识教育和微笑教育。但笔者认为，在鼓励教育的大环境下，也不能忽略传统的批评教育、挫折教育，批评和自我批评历来是我们夺取胜利的法宝之一。

批评是班主任在班级管理中经常使用的一种教育手段，善用批评这一教育方式会与表扬有异曲同工之效。班主任恰当地运用这一手段可以帮助学生认识并改正错误，促进班级的发展。因此，在班级管理中，班主任必须掌握一定的批评艺术。

二、班级管理中批评教育实施中存在的问题

1. 不愿意批评教育

在学生的成长过程中，教师具有实施批评教育的权利。教育部出台的《中小学班主任工作规定》明确指出，班主任在日常教育教学管理中，有采取适当方式对学生进行批评教育的权利。在实际的教育教学任务中，班主任不仅承担着学科知识的教学任务，还承担着班级管理的任务。班主任是批评教育的主要实施者和执行者。而在实际的班级管理中，由于受到了不同方面的压力，特别是可能遭到家长的质疑，或更有甚者会反过来威胁老师，在这种情况下，班主任为了避免与学生、家长产生不愉快，便抱着"息事宁人"的态度而不愿意批评学生。

2. 不敢批评教育

不是所有的教师都敢于对学生进行批评教育。有些班主任有时明明知道学生已经触犯了校纪校规或者犯了错误，但出于多种原因而不敢对学生进行批评教育，放任学生的错误思想和行为，主要表现为：①"独生子女"的学生因平时缺乏挫折教育，会对批评抵触甚至反应强烈而做出过激行为，如自杀、离家出走等，这使许多班主任不敢批评学生；②以"自我为中心"的意识也让部分学生缺乏感恩之心、尊重之心，从而导致因班主任的批评教育而激化师生关系，再加上家长的溺爱、护短，也造成班主任不敢批评学生；③班主任对自身教育能力产生怀疑，总是害怕掌握不好批评教育的"度"而不敢批评学生。

3. 过度与变相批评教育

与不愿、不敢批评教育学生的班主任相反，部分班主任会积极运用多种教育手段，严抓班风，严肃班级纪律，对学生中存在的问题直接而及时地提出批评，但有时会陷入过度与变相批评的误区。

三、班级管理中实施批评教育的策略优化

1. 要做好批评策略的准备与调查

批评策略就是指出学生的错误与不足以帮其改正。如果班主任不做任何准备与调查就批评学生，那就很难准确地指出学生的不足与错误。当学生犯错后，班主任不能不问青红皂白或只是道听途说就对学生进行批评，而要进行认

真深入的调查、研究，耐心倾听学生的解释，可以通过询问知情的学生，访问学生家长等途径，弄清学生犯错误的原因，仔细分析事情的性质及其影响等，并以事实为根据，从爱出发，不采取有伤学生自尊的粗暴触动式的批评方式，而应该对其阐明其错误的危害性和严重性，使学生产生认可心理，从而自觉地改正错误。

2. 把握批评策略的时机

准确把握时机是批评策略取得成功的重要条件。由于学生所犯错误的性质、大小、时间、地点不同，班主任在实施批评策略时一定要深入课堂，深入学生的寝室，深入学生的课外活动场所，与学生交朋友，与学生交心，综合考虑，择机而行。班主任只有把握好批评策略的时机，及时疏通学生的思想，才能防微杜渐，把问题解决在萌芽状态。该及时批评的就不能延时批评，因为及时的批评可以使学生及早转变认识，尽快改正。

3. 端正批评策略的目的

端正目的是班主任对学生施行批评策略的前提条件。没有明确的教育目的，批评策略就不可能取得良好的教育效果，反而会给学生的身心健康带来极为不利的影响。所以，作为班主任，在实施批评策略时，要带有明确的目的，指明改正的方向，使学生认清自己的缺点、错误，并有意识地加以改正，以提高自身素质，不断完善自我。在这个目的的指导下，班主任要端正好自身的教育态度，确定"治病救人"的批评策略，使批评成为学生的适宜刺激，使批评容易被学生所感受、接受，并自觉地转化为自我行为的要求，从而获得成功。

4. 实施批评教育时多点宽容

在实施批评策略时，班主任要以关爱、宽容的心态对待犯错误的学生。因为，对于大多数学生来说，违纪只是一种瞬间的失控现象，并非有预谋的行为，所以对待犯错误的学生，在实施批评策略时，班主任既不能听之任之，也不宜大动干戈，应该更加宽容和善解人意，要真诚劝慰或给学生留出自省的余地，用一种平静的心态去面对犯错误的学生，让学生体会到爱和关切，从而使学生从思想深处认识错误并加以改正。

批评作为一种教育手段，若运用得当，能有效地督促学生克服缺点，让学生分清是非，辨明善恶、真假、美丑，从而促进学生心理与人格的健康发展。班主任在实施批评策略时，要关注学生的个体差异、群体倾向，讲究原则、方法、策略，适时地采取适当手段。批评看似小节，但事关重大，一次成功的批评会给学生留下深刻记忆，使学生进步，甚至影响学生的未来。没有批评的教育是一个不完整的教育，因此，注重批评教育时的策略是非常必要的。教师只有正确地使用它，才能顺利实现预期的教育效果，达到立德树人的教育目的。

参考文献

［1］白铭欣.班级管理论［M］.天津：天津教育出版社，2012.

［2］杨爱霞.探讨高效课堂下班级管理中应用小组"捆绑式"评价的有效策略［J］.西部素质教育，2016（5）.

［3］郑金洲.基于新课程的课堂教学案例［M］.福州：福建教育出版社，2013.

［4］谢云洁.班级管理工作中积极的暗示与正确的方法指导策略浅析［J］.吉林省教育学院学报（上旬），2015（7）.

［5］魏书生.班主任工作漫谈［M］.桂林：漓江出版社，2008.

积极心理学在中学班主任工作中的有效运用

广东省梅州市梅江区梅州中学　林　丹

对于中学阶段的学生来说，他们的身心发展处于一个特殊的时期。为了能使学生更好地成长，拥有积极乐观的世界观、人生观以及价值观，班主任在进行相应工作时，就应该利用积极心理学及时地指引学生，充分发挥学生的积极品格，协调学生与社会之间的关系，促进学生的身心健康和全面发展。

一、养成积极乐观的心态

在一个班级的教育中，班主任的工作是至关重要的。要想培养出一个较为乐观向上的班集体，班主任首先应该从自身的角度出发，要有乐观积极的心态和态度。班主任的心态以及态度会直接影响班主任工作的效率，同时能够影响学生的情绪，所以为了能够营造出积极向上的班级氛围，使学生拥有健康的心理状态，班主任就应该先使自己保持良好的心理状态，这样才能够保证学生在轻松愉悦的氛围中学习，使学生的身心健康得到良好的发展，促使学生正确地面对生活。班主任在实际工作过程中保持轻松愉悦的心境也能够加强与学生之间的沟通与交流，从而更深入地了解学生的需求以及心理变化。教师若能对学生进行积极的引导，也会不断提高学生学习的效率和兴趣，让学生保持健康的心理状态。

二、培养积极的语言习惯

中学阶段的学生处于特殊阶段，其心理状态比较复杂。因此班主任为了能够加强工作效率以及效果，必须关爱学生，在日常工作中也应该尊重学生、爱护学生，学会管理自己的行为举止以及语言习惯，多说一些有建设性意义、有激励性意义的语言。良好的语言模式以及积极的语言氛围能够加强班主任与学生之间的沟通与交流，能够使班主任与学生之间产生思维的碰撞、思维的认知，建立起亲密的师生关系，同时有助于班主任与学生之间相互包容、相互理解的情感的培养。班主任要灵活地运用正确的语言模式，灵活地使用批评与表扬的方式，确保可以取得在批评中带有表扬，在表扬中带有批评的效果。在批评中夹杂一些表扬的话语，能够给学生带来一些自信与希望，在表扬中带有一些警戒的话语，能够给学生以警醒，使学生不至于太骄傲、太自满。比如，班主任在实际工作中，要多说一些"我希望、我理解、我相信、我欣赏、有创意、好极了、有进步"等正面积极的话语；在与学生进行沟通交流的时候，也应该多说一些"你可以、你能行、做得好、做得棒"等正面认可的话语。教师要善于发现每一个学生的优点以及不足之处，在批评学生时，首先要正面肯定他的闪光点，之后再深入地指出他出错的原因以及问题，并提出应该如何去做的建议，尽量避免说一些"笨蛋、傻瓜、蠢猪、窝囊废、最差"等伤害学生自尊心的负面词语或者是语句，这些词语或语句会不利于学生健康的积极心理的发展，会使学生的自尊心受到伤害，会打压学生的自信心。班主任在鼓励引导学生时，也应该让学生自己多说一些"我可以、我能行、我最棒、我做得到"等可以自我激励的话语，而应该少讲一些"我笨、我不会、我不行、我倒霉"等自我否定、具有消极意义的话语，否则，长此以往就会使学生产生厌恶消极的心理情绪，不利于学生的发展。教师要为学生营造出积极健康的学习氛围以及生活氛围，使学生在日常生活中能够逐渐培养自身的乐观情绪，这将有利于学生今后的发展，能够使学生形成健康的心理品质以及人际关系。

三、培养积极的思维习惯

一般来说，成功人士都具备一定的积极心理，积极心理有利于培养安全与健康的思维方式以及积极的思维习惯。积极的心态决定了思维习惯，所以班主任应该着重培养学生积极的思维方式以及积极的思维习惯。班主任要教育学生面对任何事情要往好的方面去想，要往好的方面去努力，在遇到任何困难和问题时都应该努力坚持，而不应该轻易放弃，要以乐观积极的心态去面对它，这样才能长期保持心情愉悦，才能在学习与生活中逐渐找到快乐，才能保持积极向上的决心和信心。比如，在竞选班干部失败时，教师就要积极地引导学生善于思考自己的不足，而不是轻易地否定自己。在面对成绩下降的问题时，学生首先应该考虑自己在学习过程中遇到了什么问题，是不是学习方法不够好，应该怎样做才能提高学习成绩，而不是否定自己，认为自己笨所以学不好，最终放弃学习。首先，班主任要与其他任课教师进行沟通，确保其他教师也能够积极地鼓励学生，善于发现学生的问题。其次，班主任在教育过程中也一定要使学生明白，自己所获得的成功是因为自己的努力才得到的，是因为自己保持健康的心理状态，能够正确地面对各种挫折才取得的成功，而不能归结为运气好才获得的成功。当面对失败时，学生应该第一时间想到自己有哪方面做得不足，应该采取哪些措施不断提高自己，而不能归结于成绩不好是因为自己太笨，智商不行。大家在生活中遇到挫折和困难时，不能归结于自己倒霉、大家都不喜欢自己等各方面的原因，这种想法是不对的。俗话说得好，要为成功找方法，不为失败找借口。再次，做任何事情时都会遇到一些挫折，遇到一些困难，班主任在引导学生正确地面对这些挫折与困难时，要善于分析问题出现的客观原因以及主观原因，学生也要对自己充满信心，保持积极向上的态度，找寻解决问题的方法，而不能陷于自卑中，长期处于消极的情绪中，甚至自暴自弃。最后，学生要养成健康的心理习惯，凡事要往好的方面想，要学会以健康的心理状态面对批评、接受挑战，微笑对待生活中的一些困难和挫折，要学会感恩，学会在生活中表扬别人，将学习、生活中遇到的挫折失败看成对自己的挑战与考验，要善于寻找解决方法。这些正确的思想都有利于学生今后的发展。

四、结束语

在教育过程中，班主任的工作起着重要的作用。班主任要正确地运用积极的心理学，采用相应的方法，消除学生不健康的心理状态，使学生能够逐渐从自卑的心理状态中走出来，面对学习生活充满自信，积极乐观；使学生在面对挫折时不再脆弱，学会自我调节，形成坚忍不拔的意志；使学生将被动的心理转化为主动的心理，不管在学习方面还是在日常生活中，使学生能够主动地面对各种问题，保持积极的心理状态，不断挖掘自身的潜力。学生养成了积极的心态，就能够在日常生活中找到乐趣，为未来成长助力。

▶ 参考文献

［1］陈慧.赏识教育视野下探究积极心理学在高中班主任工作中的有效应用［J］.科教文汇（中旬刊），2018（12）：142–143.

［2］李明燕.试论积极心理学在中职学校班主任工作中的渗透［J］.才智，2016（4）：66.

［3］杨臻.积极心理学在班主任工作中应用［J］.新教育时代电子杂志（学生版），2015（1）.

［4］王莲生，罗苗.积极心理学在职业学校班主任工作中的运用［J］.科技视界，2015（19）：167–180.

［5］苏燕.积极心理学在班主任工作中的应用研究［J］.中国培训杂志社，2015（4）：48.

［6］樊晓薇.不忘初心，幸福前行：谈"积极心理学"在班主任工作中的应用［J］.华夏教师，2015（2）：30–31.

下 篇

教学探究

情动语文

走进经典古诗文，感受别样的精彩

广东省梅州市梅江区梅州中学　叶丽娜

2017年的《考试大纲》"古诗文阅读"部分增加了"了解并掌握常见的古代文化常识"的考查内容，2019年的《考试大纲》四大变化之一就是将"根据普通高等学校对新生文化素质的要求"变为"根据普通高等学校对新生思想道德素质和科学文化素质的要求"，强调了文化素质的科学性，这明确告诉我们要关注先进文化，关注充满正能量的文化。《考试大纲》做了两次这样的调整，意在引导学生必须掌握必备的文史知识，理解传统文化的精华神韵和价值理念，向古代文化精华中汲取营养，提升学生的文化素养，也意在提醒教师必须从学科教学向学科育人转变。

从继承发扬民族文化传统的角度，以及从向古代文化精华中汲取营养的原则来看，学生学习古诗文不能仅仅满足于低标准，满足于能够理解、能够应付考试。中国几千年的灿烂文化，大多是以古诗文的形式记载保存的，几千年的文章精华，也全是古诗文，如果只学其"浅易"，实属遗憾，而学其"浅易"仅仅只是为了考试，则更可悲。著名哲学家雅斯贝尔斯在他的《什么是教育》中曾写道："教育的本质意味着：一棵树摇动另一棵树，一朵云推动另一朵云，一个灵魂唤醒另一个灵魂。"而语文教育的首要任务就是要用优秀的文化去熏陶学生，唤醒学生沉睡的心灵，激发学生的潜能，让学生感受到优秀传统文化蕴含的魅力，让学生领略古诗文的别样精彩。

那么，我们该如何在教学过程中有效地对学生进行经典古诗文的熏陶，让他们真正感受诗词的意境，领略古诗词的魅力呢？下面是个人浅见，以期抛砖引玉。

一、对话作者，感受古人穿越千年的情怀

经典古诗文的教学，不仅仅是字词的教学。我们要关注那些活在文章中几十几百年甚至上千年的作者或作者笔下塑造出来的人物，他们或苦涩或失意或辉煌或绚丽的人生更值得我们追忆。对作者身世的了解，对作者人生际遇的了解，往往是走进作者心灵，把握他们在作品里所表达的思想感情的必要条件。作为引路人，教师应该引领学生踏入历史的长廊，把古人激活，与古人对话，看古人如何行走于世间，如何经营自己独特的生命，师生一起将历史还原。对此，教师课前可以让学生利用方便的网络，查找作者、作品或作品中的相关人物的资料并整合，在课堂上让学生分享自己的所得。通过分享，师生共同体悟，如在学习苏轼的《赤壁赋》前，教师可以让学生先去了解苏轼坎坷曲折的一生，了解苏轼虽一生奔波依然旷达乐观的个性，了解他作为文人却在自己生命的深度和广度上走到了极致的不同凡响。这样，学生对课文的学习就不会单纯停留在掌握文言字词的层面，而是会把自己置身于作者所处的时代背景中，从更深更广的精神层面去体会作者的内心，进而充分体悟到作者忘怀得失、超然物外的情怀，从而也就理解了"物与我皆无尽也，而又何羡乎"的旷达与乐观。再如，教师要让学生体会李煜"问君能有几多愁，恰似一江春水向东流"这种刻骨的悲伤，就必须让学生在课前先去了解李煜的生平，否则学生是很难深入其中，真切体会到诗中蕴含的深刻的情感的。

二、吟咏文章，学习诗文灵活多变的形式

学习古人的文章，不但要学文章的内容，还要注意学习文章的形式。灵活多变的形式有助于我们在文章中进行淋漓尽致的情感表达。古体诗经历了四言、五言、七言和杂言的发展过程，近体诗则经历了五绝、七绝、五律、七律、排律的发展过程，词分小令、中调和长调，曲分散曲、剧曲……例如，《赤壁赋》既保留了赋体的原有韵味，又吸收了散文的手法，句式既参差错落，又极富韵律，不但非常适宜诵读，而且有助于作者情感的抒发。再如，

《祭十二郎文》是偏重抒发悼念哀痛之情的写作常格，主要记述家常琐事，诉说自己与死者的密切关系。行文中刻骨铭心的骨肉至情、哀婉动人的抒情色彩、难以抑制的悲哀、破骈为散的形式使《祭十二郎文》成为"祭文中的千年绝唱"。在教学过程中，教师不妨让学生多诵读、体会，让学生学习其中摇曳多姿的行文形式，充分感受古诗文行文灵活多变的魅力。

三、分析意象，揣摩作者丰富复杂的情感

意象就是诗人在所写的诗词中熔铸了主观情感的客观物象，是诗人内心情感、思想与外在客观物象的结合。意象是诗歌的灵魂，是构成意境的手段，是感情的载体。教师平时应该让学生多积累意象约定俗成的意义，如屈原的《离骚》中，"余既滋兰之九畹兮，又树蕙之百亩""朝饮木兰之坠露兮，夕餐秋菊之落英"这里面的"兰""蕙""菊"等都是作者用来表示自己美好的品德和高尚的情操的文字。又如李白的《春夜洛城闻笛》中"笛"音表达了思乡之情，"柳"谐音"留"，古人送别，折柳以赠表别情。再如，笛调中《折杨柳》一曲，乐音哀怨凄婉，闻《折柳》而伤别也，作者的思乡之情不言自明。这些寻常的意象，在作者笔下被赋予了更多新鲜而独特的内涵，如果学生掌握了诗文中意象的特定指向义，那么作者丰富复杂的情感也就容易理解了。

四、品味词句，欣赏语言千变万化的魅力

那些能流传千年的经典古诗文，其思想内容、艺术魅力自不待言，而对这些经典文章字词句的细细品读，亦有助于我们提高运用语言文字的能力和古诗文的鉴赏水平。苏轼曾言："诗赋以一字见工拙。"例如，在讲授《迢迢牵牛星》一课时，教师可以抛出"'迢迢''皎皎'能否互换？"这个问题让学生思考并讨论，让他们在讨论中达到思维共振、智慧共生，从而体会到语言千变万化的魅力。在学生明确了讨论结果后，教师可以再做进一步的引导：牵牛星和织女星均可用"迢迢""皎皎"来形容，它们虽互文见义，但不可互换，如果互换则意趣大减，因为"迢迢"容易让人想到远离家乡的游子，而"皎皎"容易让人想到美丽的女子，这和《木兰诗》中的"将军百战死，壮士十年归"有所不同，如果学生不细细斟酌是很难体会到古人在锤炼语言上的匠心的。再如《出塞》中的"秦时明月汉时关"，我们从中可以看出作者将眼前的关塞之

景放在了历史的大背景中，思接千载，充分体现了作者对百姓的同情，在时间和空间的关联中，历史沧桑感油然而生，这同样需要我们引导学生细细去体会。又如，王安石的"春风又绿江南岸"一句中的"绿"字，也是经过了作者十几次的修改后才最终确定的。此诗写于王安石第二次奉诏进京拜相之时，"绿"在这里是形容词活用为动词，是"吹绿"的意思。"绿"既是春天的主打色，同时与作者当时的心情相关，因此这个"绿"字既展现出了春天的勃勃生机，又流露出了王安石政治生命复苏的欢快心情。一个"绿"字使全诗生机盎然。所有这些都需要我们这些智慧的引路人对学生做出恰当的引导，只有这样，学生的智慧之泉才可能喷涌而出，教师教学才能产生事半功倍的效果。

在古诗文的教学中，除了以上的一些做法，教师还可以采用一些新颖的课外学习的形式，如改编经典、表演经典、对诗竞赛、朗诵比赛，举办《我与经典有约》征文大赛等去吸引学生，激发他们的兴趣，提高他们的文学修养，使他们在浓郁的文化氛围的熏陶中充分感受中华文化的博大精深，增强文化自信，从而产生热爱中华文化的情感。我们的学科育人也在这个过程中自然而然地完成了。

（注：此文为梅州市第九届教育科研项目重点课题"高中语文教学有效渗透国学经典教育的研究"的研究论文，立项编号：MZ0901-MJQ203。）

微课在高中语文诗歌鉴赏中的运用探究

广东省梅州市梅江区梅州中学　刘晓鸿

当前高中语文诗歌鉴赏的考试重点大致侧重对诗歌形象、诗歌语言风格、表达技巧以及对诗歌的思想内容、作者的观点态度四大模块的考查。由于学生的课外积累能力有限，诗歌鉴赏的题型又相对较为综合灵活，因此学生对诗歌的"畏难"情绪不亚于对现代文的阅读，诗歌欣赏题常常成为学生无法突破的"瓶颈"。

微课是一种利用较短时间（5～10分钟）对某一知识点进行讲解的微视频。它可以是PPT式微课，也可以是讲课式微课。其特点是短、小、精，非常符合学生的视觉留驻规律和认知学习的特点，教师可以利用它创设更为客观的教学情境。

在实践教学中笔者发现，将高中语文诗歌鉴赏教学与微课有效结合起来，能够对学生的知识进行有针对性的巩固，极大地提高了学生的学习效率。

一、利用微课创设情境，调动学生的学习兴趣

在一般课堂教学中，教师授课前都会精心准备导语，或用诗歌的方式引入，或用提问的方式引入，或播放小视频引入，或直接引入。丰富的方式确实能调动学生的口味，那么，如果教师利用微课来创设情境，该如何操作呢？能收到什么效果呢？

图像心理学认为，图形所传递的信息量远比语言丰富，表现能力更直观，能为学生提供更多自由想象的时间和空间。比如在讲杜甫《蜀相》这首诗时，传统教学中我们通常会通过回忆杜甫的相关诗作来导入。如果利用微课，我们

可以这样创设情境并提问："大家看过《三国演义》吗？其中有一个人物，他雄才大略、指点江山、运筹帷幄，你们知道他是谁吗？"学生回答："诸葛亮。"接着教师就可以继续鼓励学生来讲讲《三国演义》中与诸葛亮有关的经典故事。学生踊跃回答之后，教师趁机利用微课为学生播放微动画，使学生能更好地结合诸葛亮的事迹，深刻理解诗人杜甫对他辅佐两朝、鞠躬尽瘁精神的称颂，以及对他"出师未捷身先死"的惋惜之情。如此操作，一是打破了传统的教学方式，提高了学生学习的热情；二是可能勾起学生对经典名著《三国演义》的阅读兴趣。

又如苏轼的《念奴娇·赤壁怀古》这首词的意境雄浑壮阔。词作以"大江东去，浪淘尽，千古风流人物"这一极为广阔而悠久的空间时间为背景开篇，使人看到大江的汹涌奔腾，又使人想见风流人物的非凡气概。教师授课初就得铺足气势，而不是单纯三言两语带过，需要让学生身临其境。学生应做好必要的预习工作，教师也要借助微课，制作学生或教师的朗诵视频，或利用动画形式把这个场景展示出来，让学生反复感受，这样能更好地吸引学生的注意力，让学生对该词产生探索的冲动。

二、利用微课寓教于乐，打造高效课堂

有位教师说得好："一个语文教师，如果能让学生喜欢语文，喜欢你和你的课堂，那么你就成功了。"所以，有效的语文课堂应该是让学生有所收获，同时是兴致盎然的课堂。

诗歌鉴赏的知识点小而多，传统教学形式既不能切中要害，又有大块时间被浪费的嫌疑。综观现今的课堂，学生的语文素养明显不够浑厚，加之高考的诗歌不再简单地考查课内内容，学生普遍认为，课堂语文学习可有可无。如何扭转学生的思维方式，打造高效课堂，个人认为微课这一方式是再好不过的选择。

相关资料指出，在诗歌鉴赏的教学中，微课教学形式的类型有两种：一种是讲课式微课，依据模块化进行授课的拍摄，一般时间长度在5~10分钟，通过后期剪辑就可以转换成微课；另一种是PPT式微课，PPT是通过图片、音乐以及文字的形式构成的，设计PPT自动播放功能，可以通过视频剪辑转换成微课。依据诗歌鉴赏的考点，教师在教学中可以将两种微课的形式结合起来使用，或者针对不同的诗歌鉴赏知识点采用不同的形式。

例如，学习王维的田园诗《积雨辋川庄作》时，我们很清楚王维的诗的最大特点就是"诗中有画，画中有诗"。那么如何让学生更好地理解这句话的含意呢？这确实是教师在备课过程中必须认真琢磨、研究的环节。如果教师借助微课的方式，即先通过微课向学生展示诗人的生活背景，同时把注释也向学生展示出来，接着在鉴赏前四句描写的辋川恬静优美的田园风光时，就可以让有能力的学生用色彩和动画结合的方式进行描绘，或者让学生的注意力紧跟微课展开，让学生也参与其中，从而使他们更好地想象和了解王维这幅淡雅的水墨画。教师甚至可以在讲完这首诗后，重放该诗的微课视频，让学生进行朗诵比赛或进行其他与之相关的趣味文学知识比拼。

另外，我们发现，许多学生把微课运用在其他学科中，他们会自行制作相关小视频或演绎动画。微课贯穿于教学过程，这种方式既提高了学生的学习兴趣，培养了他们的动手能力，又加强了学生之间的合作交流。久而久之，这种教学方式就能较好地避免课堂教学中曾经出现的镜头：上课时学生中规中矩地在听，教师头头是道地在讲，可是到了下一课，情况会令你大失所望，有不少学生还是不能消化和吸收已学过的知识。

三、利用微课归纳总结，提高学生的应试能力

诗歌鉴赏的意义在于品鉴赏析。在教学中，个人认为教师还是要多重视对学生品鉴能力的培养，激发学生对诗词的热爱，不能为了应试而应试，更不能忽视课堂诗歌的教学。否则，只会让学生对诗歌鉴赏题型望而止步。高中诗歌鉴赏学习必须以考试大纲为指南。教师在教学中要结合高考考点进行教学，确保学生鉴赏能力与应试能力不脱节。教师可以利用微课，挖掘课堂中有价值的知识点，将经常出现的古典诗词名句做成具有丰富文化内涵和视觉冲击力的短视频。这样，学生能够深刻理解诗句，并且在头脑中留下深刻印象，记忆自然会加深，在高考中有备无患。教师也可借助微课视频，在课堂上展示并批改学生的答题情况等。

本人曾经看过一节观摩课，授课的内容是讲解古代诗歌发展的脉络。该教师的安排是由班里的小组分工合作，制作一两个微课，完成教学任务。A组学生负责古体诗专题介绍，B组学生负责唐代诗歌介绍，而教师只是从旁补充。这节课很成功，师生之间达到了很好的互动和双赢，并且这些微课的制作简单

却不乏特色。学生还表示，在以后学习中若有疑问或有遗忘的知识点，还能快速找到该微课进行温习。

再如，教师可借助微课做总结，如在鉴赏诗歌人物形象的专题中，诗歌人物形象众多，识记面广，有傲视权贵的，有心忧天下的，也有怀才不遇的……教师都可将其做成微课学习资源。而这些微课资源，亦将成为教师长期教学生涯中的宝贵财富。

四、结 语

总体而言，微课的运用打破了传统书面板书"一擦就无迹可寻"的限制，提高了时效性，也很好地避免了教师出现频繁利用互联网进行搜索、查找信息的局面。微课是当前各个学科广泛运用的新型教学方式，它能提高教师讲授知识点的效率，让学生随时随地接触和吸收知识。这些效果的取得，都需要教师重视微课的作用，以达到微课在高中诗歌鉴赏中的效用最大化。

参考文献

[1] 盛天国.微课在高中语文诗歌鉴赏教学中的运用 [J].课外语文（下），2017（4）.

[2] 俞永飞.高中语文诗歌鉴赏教学策略初探 [J].中国校外教育，2015（34）：146.

[3] 孙秀艳.探析微课在高中语文诗歌鉴赏教学中的运用 [J].课程教育研究，2016（16）：42.

[4] 陈杰.浅析微课在高中语文诗歌鉴赏教学中的运用 [J].读写算（教育教学研究），2015，17（46）：367.

[5] 周婷.微课在高中语文诗歌鉴赏教学中的运用思考 [J].新课程（下），2017（8）.

[6] 姜婷.诗性的回归：新课标下高中语文诗歌鉴赏教学反思 [J].亚太教育，2015（20）：30-31.

（注：此文是广东省教育科研"十三五"规划课题"微课程下的山区中学合作性语文阅读教学的实践与研究"的研究论文，课题批准号：2017YQK112。）

歌以咏怀，让古诗词插上音乐的翅膀

广东省梅州市梅江区梅州中学　刘婷婷

在当今的互联网时代，网络已经深入每个人的学习和生活中，当今的流行文化和快餐文化不断冲击着学生的知识构成，学生的阅读空间日渐狭小，阅读品味日渐降低，不少学生已不重视古典诗词的学习。但古诗词不仅被纳入高中生能力考查的范围，还起到了学习语言、开阔视野、陶冶情操的作用。所以，在高中阶段的教学中，我们尝试用咏唱的形式，激发学生学习古诗词的兴趣，从而用学生喜闻乐见的方式从根本上改变古诗词教学落后的现状，解决古诗词积累及理解等方面的问题。

一、高中古诗词教学现状

高中教材中，从最早的诗歌总集《诗经》到唐诗宋词元曲，已为我们实施古诗词教学提供了充足的载体。但教师在教学实践中遇到了不少问题，其中最突出的问题是教学模式化，学生对古诗词的兴趣不大，教师课堂教学的收效甚微。

传统的古诗词教学方法是教师逐字逐句串讲，学生诵读、默写，显得枯燥乏味。教师讲得多，学生自己体悟得少，这种教学方法抑制了学生的思维，扼杀了学生的创造性，古诗词所蕴含的美感也因此荡然无存。古诗词教学课堂气氛沉闷，缺少师生互动，从而无法引起学生学习的兴趣。在流行文化和快餐文化的冲击下，很少有学生是因为喜欢古诗词，认为古诗词美而去诵读，更多的学生学习古诗词的动机就是为了应付考试。而目前学生的知识已不仅不能满足对古诗词考查的要求，更不能满足日常鉴赏品味的要求，结果必然造成古诗词教学的低效。因此，传统的古诗词教学模式显然已不适合新时期教学的要求，我们应以一种比较轻松的教学方式，激发学生学习古诗词的兴趣，那样我们的学生才能从真正意义上感悟古诗词艺术的魅力所在。

二、高中古诗词教学的咏唱策略

《尚书》言："诗言志，歌永言，声依永，律和声。"古诗词与其说是诗歌不如说是歌诗。现代青少年喜欢说唱，如果我们把古诗词配上美妙的曲调，学生便可以拿来咏唱，就更易于且乐于接受。

（一）编写咏唱古诗词校本教材

教材的选编既要与学生的年龄特点、兴趣爱好相投，又要和语文课程中的古诗教学同步，还要与当时的季节、节日相关联，不但要让学生感兴趣，还要难易适度。我们可以根据选材的要求，师生分工合作，利用现代网络，收集古诗词歌曲，并把歌曲刻成光盘，方便在课堂教学中使用。

我们还尝试让学生把自己喜欢的流行歌曲的歌词换成古典诗词，或者为自己欣赏的古典诗词配上流行歌曲的曲调，并强调要注意情感的吻合、节奏的和谐，这会让学生兴趣盎然。例如，有的学生把他们喜欢的TFBOYS的歌曲《大梦想家》配上《明日歌》，歌曲的励志主题和《明日歌》的立意很吻合。有的学生把周杰伦的《青花瓷》配上了柳永的《蝶恋花》，把薛之谦的《认真的雪》配上诗经的《氓》……这些或成功或失败的尝试，激发了学生学习古诗词的兴趣，鼓励了学生创造性的发挥。我们会在教材中补充一些学生的改编作品，以使我们的教材在不断探索中改进、成熟。

（二）引导咏唱鉴赏，体悟感知

诗词鉴赏课主要通过两种形式来进行。

1. 让中国风吹进语文课堂

中国风歌曲采用将具有中国古典文化内涵的歌词与现代流行音乐的旋律及编曲技巧融合的方式，与古诗词的融合或诗词配曲，或词句提取，或语言改造，或意境化用。它将唯美的古典情韵与现代潮流元素完美融合，既传承了古诗词的意象、意境、形式与语言，又用现代的创作技巧和思维对其进行了完美转化，给人以特殊的审美享受，是近年来非常流行的一种乐种，为广大学生所追捧、传唱。中国风流行歌曲中有很多的歌词都直接取自古诗词，像

《月满西楼》《但愿人长久》等都是学生耳熟能详的作品。通过聆听欣赏，教师可以引导学生体会歌曲的旋律，加深其对诗词的理解、记忆。中国风流行歌曲还常常引用古诗词的语意，重新加以创作。这既保留了古诗词的意味，又注入了现代思想，也为教学提供了很好的素材。教师可以向学生介绍杨宗纬翻唱的《浮生千山路》、陈奕迅的《浣溪沙》以及一些他们熟悉的影视剧中的歌曲，当他们得知这些作品的歌词是改编自古诗词时，惊讶、兴奋之情定会溢于言表，对接下来的讨论分析更是兴趣盎然。在热烈的讨论氛围中，学生自然会加深对原诗的认识，同时会对古典文化产生好奇心和鲜活感。只有学生喜学、乐学，才有可能学得更好。

2. 推陈出新赏诗词

正确解读古诗词的思想主题是咏唱的前提。思想是诗词的灵魂，人们只有正确理解古典诗词的思想精神，才能正确演绎出古代诗人的情感世界。因此，在教学中，我们应把传统的教学模式和咏唱的形式结合起来。在咏唱前，学生先利用教材、相关资料以及网络了解作者、写作背景等文学常识，进而理解词句所蕴含的感情。学生对诗词有了基本理解再聆听咏唱歌曲后，我们便可以启发学生去品味诗词的语言美，想象、感受诗中的画面美、意境美。

用不同形式咏唱鉴赏古诗词，可以调动学生已有的知识储备，体悟诗意诗情，探求诗歌内在的深层意蕴。在这一过程中，古诗词的词句便会牢牢印刻在学生的头脑中，久久不忘。

（三）创造机遇，为学生提供展现的舞台

根据青少年表现欲强烈的心理特征，我们开展了古诗词咏唱比赛活动，并鼓励学生把自己喜欢的流行歌曲搭配上自己欣赏的古典诗词，激发他们的创造力，为他们提供表现的机会和舞台。这样的活动增强了学生的自信，让他们有成就感，从而更加喜欢古诗词，并使得以往辛苦的学习变得轻松愉快，且收效显著。

托尔斯泰曾说："音乐的魅力，足以使一个人对未能感受的事有所感受，对理解不了的事有所理解，使不可能的事变为可能。"咏唱古诗词，用音乐丰富古诗词内涵，能够让学生在优美的旋律中把古诗词熟记于心，并进入诗歌意境，从而展开想象的翅膀，陶冶高尚的情操。

▶ 参考文献

[1] 耿俊玲.轻吟浅唱古诗词:中学音乐课堂中的古诗新唱 [J].教师, 2011(15).

[2] 李群华.现代时尚元素在古诗教学中的运用 [J].中学语文教学, 2006(8).

微观诗歌情感之美

——微课在古代诗歌思想感情鉴赏教学中的应用探究

广东省梅州市梅江区梅州中学 黄玲雅

古代诗歌鉴赏是高考的必考考点之一，一直以来考生在这一考点上失分都较为严重。广东高考从2016年开始使用全国卷，诗歌鉴赏的分值由原来的7分增至11分，这对于广东考生来说无疑又加大了拉分的差距。因此，提高考生古诗鉴赏的成绩，提升古诗鉴赏这一专题的教学效果，成了教师进行高考语文备考迫在眉睫的任务。

考纲对诗歌鉴赏这一考点的要求有两点：一是鉴赏文学作品的形象、语言、表达技巧；二是评价文章的思想内容和作者的观点态度。无论是鉴赏形象或赏析语言，还是分析技巧，最终都要回归到思想感情上。学生只有准确把握诗歌的思想感情，才能在高考答题时游刃有余。然而，面对一首首古代诗歌，学生在阅读时常常理不清头绪，不知道如何分析内容，揣摩情感，而传统的教学形式已经难以满足实际的教学需求。伴随着信息科学技术的发展，教师借助直观有效的微课进行古代诗歌思想感情鉴赏的教学，能更好地提升教学效果，提高学生诗歌鉴赏的能力，因此，提升语文学科核心素养就成了当务之急。下面，本文将就微课在古代诗歌思想感情鉴赏教学中的应用进行探究。

一、微课在古代诗歌思想感情鉴赏教学中的作用

什么是微课？焦建利老师认为："微课程是以阐释某一知识点为目标，以短小精悍的视频为表现形式，以学习或教学应用为目的的教学视频。"黎加厚老师认为："微课程是指时间在10分钟以内，有明确的教学目标，内容短小，

集中说明一个问题的课程。"广东佛山市教育局的胡铁生老师是最早提出微课概念的人，他认为："微课程是以微教学视频为主要载体，教师针对某个学科知识点（如重点、难点、疑点、考点等）或教学环节（如学习活动、主题、实验、任务等）而精心设计和开发的一种可视化的、支持多种学习方式的在线视频网络课程。"

这些概念的阐述虽然在内容上有所差别，但其本质是一致的。基于此，我们可以认为，微课是指以短小精悍的视频为主要载体，记录教师围绕某个学科知识点或教学环节而开展的教学过程。微课的主要内容可以是课堂教学视频，也可以是与课堂教学主题相关的教学课件、练习测试等教学资源的网络展示，但无论是哪一种，时间应控制在10分钟以内。微课的主要特点在于"精""易""快"。"精"是指可提高学习质量，"易"是指操作相对便捷，"快"是指可提高学习效率。

在古代诗歌学习的过程中，因为古代诗歌创作的年代比较久远，诗歌的文化语境已与当今大为不同，所以学生对诗歌情感内容的赏析会有一定的困难。如果教师只以传统的教学模式讲解诗歌大意，且课堂教学以翻译为主，这种形式是不能真正帮助学生领略诗歌的情感美的。

微课这一新型的教学形式则可以有效解决古代诗歌教学中的这一问题。它在培养学生学科核心素养、提高学生诗歌鉴赏能力方面起到了重要作用。在古代诗歌思想感情鉴赏教学中，教师可以利用微课，让学生真正感受到诗歌所要传达的意蕴，深刻感受到作者所要传递的情感，让学生能够全身心地投入诗歌学习。同时，教师可以利用微课让学生在短时间内对诗歌有充分的了解，掌握诗歌的创作背景、作者的心路历程，以便对诗歌的情感进行全面而深入的掌握。这些微课不但课前预习可用，课中学习可用，课后巩固知识仍然可以使用。这就可以解决传统教学中教师讲授了知识点，学生来不及消化就忘记，难以回忆教师上课中所讲内容的问题。教师精心制作的微课，学生可以随时随地适时进行线上或线下回顾学习，在反复学习中熟练掌握古诗鉴赏的重点和难点。

二、微课在古代诗歌思想感情鉴赏教学中的应用

1. 利用微课帮助学生直观感受诗人的情感

建构主义认为，教学应该注重在实际情境中进行，应该尽可能地为学生

创设或模拟出与学习活动有关的情境。对于古代诗歌的学习，如果学生能让自己进入情境中，身临其境，就能更好地去感受诗歌所表达的情感。如果这只靠教师的言语介绍，就很难实现。在古代诗歌的教学中，教师可以通过植入微课教学的方式使学生更加真实地感受诗人蕴含其中的情感。例如，在《一剪梅》的教学中，教师可以通过制作微课诵读视频来进行诗歌思想感情鉴赏教学。视频中穿插背景音乐《琵琶语》，展现出《一剪梅》中远隔千里、两地相思的哀愁，触动学生的心灵，让学生能够在微课营造的氛围中融入情境。还可以让学生欣赏微课视频中的红藕、大雁、落花、流水，分析这些事物所代表的象征意义。"红藕香残"，荷花枯萎凋零；"雁字回时"，又一年归雁飞过；落花飘零，江水流逝，处处都写出了作者在日复一日的等待中无尽缠绵的相思哀愁。我们可以通过微课的直观展示，让学生更真实地触摸到作者的内心，还可以通过制作相关背景内容的微课视频，让学生更直观地通过知人论世的方式来把握情感。借助互联网的优势，微课的出现使得课内与课外统一了起来，学生能获得更多元的信息，学习的方式也变得更灵活，能多感官地接受学习信息，更直观地去感受诗人的情感。

2. 利用微课对知识点进行细化分解，提高古代诗歌思想感情鉴赏能力

教师利用微课，严格根据教学设计来开展教学，完成对知识点的细化分解，能更好地提高学生鉴赏古代诗歌思想感情的能力。在教学中，教师可设计专题微课，让学生找到鉴赏古代诗歌思想感情的金钥匙。笔者在此考点设计的专题微课是以课件的形式呈现的，主要选取了两道典型例题，首先以杜甫的《月》为例题，引导学生学会快速、准确地收集诗歌中的相关信息。这首诗恰好可以引导学生学会通过"看题目、看作者、看注释、明手法、品意象、抓诗眼"六大方法来鉴赏古代诗歌的思想感情。找到了"钥匙"后，接着就帮助学生归纳总结鉴赏"思想感情型"题的答题步骤：第一步准确指出抒发了怎样的思想感情；第二步结合具体的诗句进行分析（意象、语言、技巧）。其次以李白的《闻王昌龄左迁龙标遥有此寄》为例，帮助学生明确答题规范。

教师用微课的形式将知识点传授给学生，使学生在观赏微课的过程中接收到信息，记住知识点，从而对古代诗歌思想感情鉴赏起到了很好的辅助作用，收到良好的课堂效果。并且，在对知识点进行细化分解的过程中，教师还可以逐渐培养学生的自主学习探究能力，鼓励学生进行探究式学习。同时，微课有线上线下皆可学习的特点，照顾了不同学习层次的学生，能让学生根据自身的情况有针对性地进行学习，极大地提高了学生学习的主动性，可以说是一举多得。

综上所述，在古代诗歌思想感情鉴赏教学中，教师可以利用微课帮助学生走进诗人的情感世界，使学生更加直观真实地理解诗歌的思想感情；也可以利用微课对知识点进行细化分解，提高学生鉴赏古代诗歌思想感情的能力。微课教学能有效地提高教学质量，同时能增强学生学习的主动性，对于培养学生的学科核心素养也有积极的意义。因此，教师应该重视微课的作用，积极主动地利用微课来提升古代诗歌教学的质量。

参考文献

［1］李巧芳.我国微课程研究现状及发展趋势分析［J］.教育科学论坛，2014（5），15-17.

［2］胡铁生.微课程的属性认识与开发建议［J］.中小学信息技术教育，2014（10）：13-15.

［3］胡慧萌.浅谈微课在高中语文诗歌鉴赏教学中的运用［J］.中学教学参考·学科视点，2015（30）：10.

（注：此文是广东省教育科研"十三五"规划课题"微课程下的山区中学合作性语文阅读教学的实践与研究"的研究论文，课题批准号：2017YQK112。）

微课点亮山区高中古诗词课堂

广东省梅州市梅江区梅州中学　黄晓霞

古诗词教学是传统文化经典阅读教学的重要组成部分。《普通高中语文课程标准（2017年版）》对高中语文传统文化经典阅读教学提出了更高的目标和更严格的要求，如引导学生坚持在研读的过程中勤查资料，勤做笔记；围绕所读作品，利用图书馆、互联网查阅相关注释、评点等资料，加深和拓展对作品的理解；学习运用评点方法，记录自己的感受和见解，不断提高独立阅读能力。笔者发现目前山区高中古诗词教学存在一些问题，亟待解决。

一、山区高中古诗词教学现状

1. 学生认为古诗词很难理解，看不懂，没有阅读兴趣

经典古诗词本是中华民族几千年优秀文化的精华积淀，不仅内涵丰富，而且短小精悍，词句优美。然而古诗词在现实生活中学生运用得比较少，特别是山区学生，对古诗词接触得少，积累少，阅读积淀有限，学生理解和鉴赏古诗词的难度比较大。据笔者调查，笔者所带的两个教学班的80多名学生中，喜欢古诗词的只有少数几名，大部分学生表示如果不是高考需要，绝不会主动阅读古诗词。

2. 教师教学方法单一，教学思想功利

很多教师的课堂仍是一个人的舞台，教师的一支粉笔、一张嘴就是一节课，教学效果平平。此外，高考导致诗词教学趋向功利化，教师不愿意在诗词的深入阅读和引领学生感受诗词的意境美、情感美上多下功夫，而是以考试得分为标准，总是想方设法将诗词鉴赏简化为应试技巧的指导、答题模式的灌

输，学生则恨不得从教师那里得到一颗数学公式一样的"灵丹妙药"，以应对所有的诗词鉴赏试题。

根据新课标的要求，笔者认为，要解决古诗词教学中存在的问题，可以在传统课堂教学的基础上引入微课，让微课点亮山区高中古诗词课堂。

微课是根据《普通高中语文课程标准（2017年版）》和课堂教学实际，以教学视频为主要载体，记录教师在课堂教学中针对某个知识点或教学环节而开展的精彩教与学活动中所需各种教学资源的有机结合体。微课具有短、小、精、活的特点，利用5~10分钟时间讲解一个非常细小的知识点或考点。精要的讲解、多媒体的呈现方式、5分钟的学习享受，可以让更多的学生爱上古诗词的学习。微课和传统诗词教学的融合，必将为山区高中古诗词教学开辟出新的天地，让微课点亮山区高中古诗词课堂。那么在教学中，教师应该如何运用微课点亮山区高中古诗词课堂呢？

二、运用微课，点亮山区高中古诗词课堂的方法

（一）微课让山区高中古诗词课堂变得有趣

经典古诗词虽然内涵丰富，词句优美，但在现实生活中学生运用得比较少，学生学习的兴趣不大。美国著名心理学家和教育家布卢姆说过："学习的最大动力，是对学习材料的兴趣。"中学语文界的泰斗级名师钱梦龙也认为："我们的语文教学，不应该是强加于人的绳索，而应该是一种唤醒的艺术。所谓唤醒，就是在教学中想方设法激起学生读书、思考、求知的欲望。"所以，教师要想让学生学好诗歌，首先要激发学生对古诗词的学习兴趣，唤醒学生的求知欲，要让古诗词课堂变得有趣。如何才能让古诗词课堂变得有趣呢？笔者尝试在古诗词鉴赏课中恰到好处地运用微课，这样能让古诗词课堂变得有趣，从而更好地激发学生学习古诗词的兴趣。

1. 课前微课激趣

微课轻松有趣，内容浅显易懂，同时配以适宜的画面和音乐，更能调动学生的学习兴趣和注意力，对学生的学习帮助非常大。教师可以充分利用微课这种形式，迅速吸引学生的注意力。比如，在讲解杜甫《蜀相》这首诗时，教师在正式讲解之前，可以让学生观看杜甫生平经历的微课视频，让学生全面了解杜甫的生平事迹以及他的精神。在介绍诗人的生平经历、写作背景时，可以以

微课视频的形式播放，一方面能够让学生更好地了解诗人的人生经历，为理解诗词中所表达的情感起到有效的辅助作用，另一方面通过视频还可以激发学生的学习兴趣，调动学生的学习积极性。对于其他诗词名家，如李白、杜牧、苏轼、陆游等的生平经历、艺术成就、历史评价等，教师均可制作成简短生动的微课视频，形成一系列的作者简介微课程供学生在课前观看学习，激发学生的学习兴趣。

2. 课内微课添趣

在高中古诗词教学中，利用微课可以化抽象为具体，增添语文课堂的趣味性和生动性。比如张若虚的《春江花月夜》中的春、江、花、月、夜这五种事物集中体现了人生最动人的良辰美景，构成了诱人探寻的奇妙的艺术境界。笔者在一个班讲这首诗时，主要以口头讲解为主，结果学生反应平平，教学效果并不理想。经过课后反思笔者才明白，诗中涉及的许多景象，如"春江潮水连海平，海上明月共潮生""江流宛转绕芳甸，月照花林皆似霰"等都是山区学生未曾见过的，仅通过课堂上老师口头讲解，学生很难领会诗中所创设的优美意境。因此，在另一个班讲这首诗时，笔者根据教学需要，精选了一幅幅与课文内容相关的图画，并配上古筝名曲《春江花月夜》，制作成微课视频，引导学生从屏幕上看到与课文内容相关的景象：江潮浩瀚无垠，一轮明月随潮涌生，江水曲曲弯弯地绕过花草遍生的春之原野……伴着古筝名曲《春江花月夜》怡人的旋律，再加上一幅幅形象的画面，教师无须过多讲解，学生已在音乐和动画中真切地感受到了诗中的意境美。

3. 课后微课增趣

诗词鉴赏课后，教师可以就课上某一个问题或者话题展开进行拓展延伸，并调动各种有效的资源，如视频、音频、专家点评或名家观点、与诗词有关的专著等，通过整合制作成微课呈现给学生，从而增加学生学习古诗词的兴趣。例如，在讲授《雨霖铃》时，课上学生对古人送别风俗不了解，课后教师可以制作以"古人送别风俗"为主题的微课，呈现古人的各式各样的风俗习惯，启发学生思考与感悟。在讲授《念奴娇·赤壁怀古》时，学生对苏轼豁达超脱的人生观理解不够到位，教师课后可收集一些体现苏轼豁达人生观的相关诗词，并将各位名家的点评穿插其中，制作成微课，让学生对苏轼的人生观有一个整体的认识。这些主题微课既能帮助学生突破古诗词上的难点，还能激发学生课后阅读古诗词的兴趣，使学生更好地接近作品，理解作品。

（二）微课让山区高中古诗词课堂变得高效

1. 微课能促进学生高效自主学习

微课短小精悍，一般针对学生学习中的重难点、易错点来设计，具有代表性、典型性，一次只解决一个问题，非常适合学生自主学习。例如，在教学杜甫的《登高》一课前，笔者通过设计微课《如何解读诗中的景物形象》来帮助学生理解诗中的意象和情感。主要内容为：①通过诗人描写的物象的形态特征品味其蕴含的诗味；②通过物象的色彩特征品味其中蕴含的诗味；③通过诗人描写的物象的声韵特征品味其中蕴含的诗味。为了检验学生自主学习微课的效果，笔者特意将杜甫《登高》中的写景名句"风急天高猿啸哀，渚清沙白鸟飞回。无边落木萧萧下，不尽长江滚滚来"与微课内容相结合设计了一个表格。

杜甫《登高》与微课内容相结合

古诗词	意	象	情感
形态特征	急 高 飞 无边萧萧 不尽滚滚	风 天 鸟 落木 长江	悲愁 凄凉
声韵特征	哀	猿啸	
色彩特征	清 白	渚 沙	

教学实践证明，通过微课学习，学生对诗中意象蕴含的感情有了整体的认识，对于该如何解读也有了一些具体的思路。他们能很快抓住意象，并注意到意象的特征，轻松完成表格的填写，初步感受到杜甫诗中"无一景不悲愁"的特点。

一个知识点就是一个微课，一个个微课的自主学习，就是一个个知识点被突破的过程。学生不懂可以反复播放，有针对性地深入学习，甚至在家中也可以通过网络下载微课进行学习，这样就进一步保证了课堂教学质量。

2. 微课可以促进学生高效系统复习

高考要求阅读浅易的古代诗文，主要包括两点：一是鉴赏文学作品的形象、语言和表达技巧；二是评价文章的思想内容和作者的观点态度，要求学生对阅读材料进行鉴别、赏析和评说，以识记、理解和分析综合为基础，在能力层级上达到了D级。学生在这一方面心生畏惧，教师也很是头痛。如何才能让学生诗词鉴赏复习更具系统性，更高效呢？很多一线教师都在不断探索新型的教学方法，而笔者在教学过程中发现，微课可以让学生诗词鉴赏复习更具系统性，更高效。虽然高考诗歌鉴赏题型广、知识点多，但我们可以通过设计微课并将其应用于教学，分解、细化这些知识点。比如，我们可以围绕古诗词形象、语言、表达技巧、思想内容等专题设计一系列的微课来帮助学生复习。在教学中，笔者就古诗词形象专题设计了系列微课：《如何解读诗中的景物形象》《常见意象含义》《诗中事物形象鉴赏思路》《分析诗中人物形象的方法》《常见人物形象类举》等。这些微课不仅丰富了教学模式，激发了学生的学习兴趣，还使一些受到课时的限制，往往无法在日常课堂上加以讲解拓展的重要知识专题得以一一落实。微课实际上延伸了课堂的"长度"，可以帮助学生高效系统地复习古诗词鉴赏知识，从而提高古诗词鉴赏水平。

综上所述，微课可以让山区高中古诗词课堂变得有趣，促进学生高效自主学习、系统复习。微课，点亮了山区高中古诗词课堂。

参考文献

［1］中华人民共和国教育部.普通高中语文课程标准（2017年版）［M］.北京：人民教育出版社，2017：21-22.

［2］胡铁生.微课：区域教育信息资源发展的新趋势［J］.电化教育研究，2011（10）：61-65.

［3］雷玲.中学语文名师教学艺术［M］.2版.上海：华东师范大学出版社，2015.

语文阅读教学中三维目标的实现

广东省梅州市梅江区梅州中学　黄金凤

结合我国的教育教学实际，新课程将课程（学教）目标分为知识与技能、过程与方法、情感态度与价值观三个维度，这就是所谓的三维教学目标。三维教学目标不是三个目标，而是一个问题的三个方面。它集中体现了新课程的基本理念，集中体现了素质教育在学科课程中培养的基本途径，集中体现了学生全面和谐发展、个性发展和终身发展的客观要求。新课程背景下的课堂教学，就是要把原来目标单一（知识与技能）的课堂转变为目标多维（知识与技能、过程与方法、情感态度与价值观三个维度）的课堂。例如语文阅读教学，教师可以以课文的情感为主线，引导学生披文入情，通过思考、想象，接受文章的情感熏陶，并同时完成对词句的感悟和阅读方法的学习。

一、阅读教学中，须正确把握三维目标

在新课程下的初中语文阅读教学中，教师应该做到以下几点。第一，在教学的指导思想上，要认清三维目标是一个有机的整体，三维目标的实施，绝不是三维之间的几何相加，而是在阅读教学的一体化的过程中实现的。第二，在实施的策略上，要采取灵活多样的方法，选择恰当的教学突破口。例如，可以从创设情境、激发学生兴趣、促进学生情感态度的变化入手，实施三维目标；可以从诱发学生的认知冲突入手，让学生经历自主探究的过程，丰富他们的内心体验，实施三维目标；还可以从交流个性化的学习方法入手，让学生运用自己喜欢的方法，进行探究性阅读和创造性阅读，在阅读中享受探究和创造的乐趣，使三维目标得以落实。第三，在评价的方法上，要采用综合评价的方法，

不能只停留在考试分数上。例如，在课堂上学生表现出来的活跃、兴奋、激动，或痛苦、冷漠、无动于衷的情绪，均可以作为教师评价"情感态度与价值观"这一目标达成的依据。第四，在教学上要注重"练什么"。实际上，不论是写字、阅读、写作还是练习，都有情感态度与价值观的渗透和方法的学习、知识的掌握、能力的获得。任何一个显性领域都有隐性的目标维度存在。例如，在朱自清的《春》一文中，写春天来时，笔者是这样引导学生阅读"小草偷偷地从土里钻出来"这句话的：

师：春天到了，小草长出来了。小草怎么长出来的呢？作者用了"偷偷地"这个词。"偷偷地"，就是说小草趁人不注意，让人毫无察觉地、无声无息地从土里长出来了。作者没有用"长"，而是说从土里（我用右手食指做了一个向上的手势）——学生齐声：钻出来了！

师：用"钻"这个字，作者写出了小草的生长是很不容易的。它要穿过厚厚的土层，有时还会碰到石头瓦块，就要顶翻它们，然后茁壮地生长出来。可见一个"钻"字就写出了春草虽小，但是它们的生命力是极顽强、极旺盛的。大家看，"偷偷地"和"钻"这些词用得多好啊！

在这段教学中，笔者在对字词"钻""偷偷地"的教学中，通过引导学生展开联想和想象，认识小草生长的劲头，让学生领悟小草默默无闻、不哗众取宠的品质，领悟小草不怕困难挫折、顽强进取的拼搏精神。由此可见，在字词的教学中，教师同样可以融合知识与技能、过程与方法、情感态度与价值观三个维度的目标。

语文教育家张志公先生说语文课是"以知识为先导，以实践为载体，以实践能力的养成为依归"的课。因此，教师在进行阅读教学设计时，必须把阅读训练的内容（感知能力、理解能力、评价鉴赏能力和阅读技能）放在课堂教学的重要位置，这样才能提高语文教学效率。

二、阅读教学中，三维教学目标必须细化、具体化

根据《普通高中语文课程标准（2017年版）》的要求，高中语文阅读能力大致可归为以下十个方面：①认读分析能力；②整体把握能力；③提炼概括能力；④阐释解说能力；⑤文体辨识能力；⑥语言品味能力；⑦感受评价能力；⑧探究质疑能力；⑨联想迁移能力；⑩综合理解能力。

针对以上阅读能力，教师在备课中必须细化、具体化。例如，笔者对《沁园春·雪》的阅读教学三维教学目标制订如下。

1. 知识与技能

（1）积累、理解"妖娆、风骚、红装素裹、一代天骄"等词语。

（2）感知词中的形象，理解词人的思路和全词的主旨。

2. 过程与方法

（1）揣摩雪景描写的艺术特点。

（2）品味凝练贴切的诗歌语言，领悟深层意蕴。

3. 情感态度与价值观

领会词中赞美祖国山河和无产阶级革命英雄的思想感情，激发学生的情感共鸣。

三、以点带面，在阅读教学中实现三维目标

叶圣陶先生认为："语文教材无非是个例子，凭借这个例子能使学生举一反三，练成阅读和作文的熟练技能。"基于这一点，语文教学中的任何一篇文章都是可以根据课标在各方面的要求、授课教师所设计的教学重点的不同以及所教学生的实际差异，制订出不同的目标。

学科教学的三维目标，应在一个教学阶段中清晰地显现出来，但是，在一堂课中，三维目标可以各有侧重。一堂课上的三维教学目标未能并驾齐驱地均衡发展，就一定不是一节好课吗？不然。在一堂课中，只要教学的三维目标清晰地显现出来，并得以实现，这节课还是一节好课。例如，《鱼我所欲也》这篇课文的阅读教学的三个维度都要涉及。知识与技能：积累文言词语，了解孟子有关舍生取义的观点，理解本文说理的方法，掌握本文比喻的含义和内在联系，以及议论文的论证方法。过程与方法：定向阅读、分组讨论、分类积累、整体理解。情感态度与价值观：明确认识孟子认为义是比生命更重要的道理。根据文言文教学的总体要求和这篇课文的特点，虽然朗读和背诵是明确要求，但贯穿始终的应该是知识与技能这个点。所以，笔者认为，如果一节课能以点带面，主线清晰，就是一节成功的课。

四、鼓励学生进行课外阅读以拓展三维目标

《普通高中语文课程标准（2011年版）》强调："语文课程应该培养学生热爱祖国语文的思想感情。"因此，语文教师应该千方百计地创设多样化的、生动有趣的学习情境，激发学生学习语文的兴趣，让学生在愉悦的情境中，悄然实现由"要我学"到"我要学"的根本转变。实践证明，进行大量的课外阅读是提高语文能力的重要途径。语文教师应积极帮助学生选择思想健康、知识性强，有利于学生学习、成长的读物，使他们能在课外博采众长、陶冶情操、增长才智。课外阅读应让学生感觉到：一个幸福的生活片段、一段优美的历史故事、一处绚丽的自然风光，这些都是学生阅读和思考的好材料。这样能使学生真正成为阅读的主人，使学生在不知不觉中实现语文阅读教学的三维目标。

总之，把三维目标落实到阅读教学中是新课程改革的重中之重，是时代发展的要求。我们要在实际的教学中努力研究、实践，真正把三维目标落实到阅读教学中，激发学生课堂学习的兴趣，培养学生热爱阅读、博览群书的好习惯，这样学生才能真正学好语文，才能为长远发展开拓美好的明天！

参考文献

［1］邱洪光.阅读教学中落实三维目标，提高学生的语文素养［J］.读写算：教育教学研究，2010（9）.

［2］张丽丽.中学语文阅读教学课堂三维目标整合研究［D］.临汾：山西师范大学，2012.

［3］周波.落实三维目标，构建和谐语文阅读教学［J］.现代语文：教学研究版（中旬），2012（1）：109–110.

用好高中语文教材，传承优秀传统文化

广东省梅州市梅江区梅州中学　张丽苑

2018年3月公布的历时4年修订的《普通高中语文课程标准（2017年版）》，其中有五大变化和两大热点，在这其中都提到了要加强优秀传统文化教育。但在这里我们首先要搞清楚的一个问题就是，传统文化落实在语文课堂中是指什么？笔者的理解就是要运用好高中语文教材中的国学经典篇目进行有效的教学。也就是说，语文教师在高中语文课程中的主要任务就是要进一步提高学生的语文素养，让学生从经典中汲取养分，一是提高语文知识水平，二是滋养身心，三是对传统文化进行很好的继承。

那么接下来我们就要面临第二个问题：哪些篇目属于国学经典的范畴呢？首先笔者在此简单梳理一下国学的概念。国学，是以先秦经典及诸子百家学说为根基，涵盖两汉经学、魏晋玄学、隋唐道学、宋明理学、明清实学和同时期的先秦诗赋、汉赋、六朝骈文、唐宋诗词、元曲与明清小说及历代史学等一套完整的文化和学术体系。按照这样的标准，笔者对高中语文必修一至五的篇目进行整理发现，符合这个范围的课文总共有50篇，占课文比例70%，可见教材的编者在教材的选篇上本身就已经非常重视国学经典的学习。问题是教师该如何用好教材中的这些篇目，让我们优秀的传统文化得以继承呢？

笔者认为，在谈论到这个问题时，首先要注意避免的就是将语文课架空为只谈思想性，过多地对经典背景、意义和文化内涵进行延伸，结果必然造成语文课舍本逐末。如何更好地兼顾语文课自身的特性（让学生识文断字，掌握汉语言的使用方法和有效表达）和优秀文化的继承？笔者认为可以从以下几个方面来进行。

一、运用经典篇目强化学生的语言运用能力

基本的汉语语言知识是高中学生必须掌握的知识，高中生只有打牢汉语语言的基础，才能够提升口语交流的水平以及书面写作水平。经典篇目许多都是对仗工整的文章，一是可以通过不断诵读，让学生感受其中的音韵美，体会到汉语言文字的韵律；二是可以利用其对仗性让学生把握词性，练习工整地运用整句来表达。例如，学习《采薇》时，笔者设计的第一课时就是让学生反复诵读，体会回环往复中故事是如何推进的，让学生自己观察其中几个字眼的变化带来的故事效果。同时借鉴古人的传统文字训练方式——引导学生玩对对子的游戏，通过对对子的游戏让他们理解汉语言的词性，如说出词汇"高山"，学生要迅速对出与之相应的词汇，如"大海"。这两组词中的"高"与"大"都是形容词，形容词后就是名词。这样词性相同而意思不同的词，可以配成一对。再比如，能与"高山"配对的词汇还有"流水"，这两组词汇也能凑成非常有趣的对子。以此类推，教师就可以运用教材中相对的句子展开语言趣味教学。同时在文言文的教学中仍然要重视常用实词、虚词和特殊句式的学习，让学生能有效积累字词，最后达到一定的自主阅读的能力。

二、营造文化氛围激发学生的文化意识

在高中语文教学中，教师应该想办法让学生体会到中华优秀文化的魅力，这样才能让学生更好地了解中国文化，并能够更主动地学习和继承。那么教师应如何营造有感染力的文化氛围呢？笔者认为教师可以从以下三个方面来进行。

首先，采取灵活多样的方式去挖掘教材中容易激发学生兴趣的点。比如学习《兰亭集序》时，可以组织学生鉴赏古人的字帖。因为我国的传统语言文化艺术博大精深，充满艺术灵性，我们可从传统语言文化艺术着手引导学生感受语言文化的魅力。很多学生不了解书法艺术，他们在鉴赏书法以前觉得书法没有什么好看的，写得再好的字也无非就是个字。笔者先引导学生鉴赏王羲之的《兰亭集序》，还特地带了仿印的《兰亭集序》字帖。许多学生被这些书法字帖迷住了。学生在欣赏王羲之的书法时，能够感受到这位书法家恣意、豪迈、潇洒的性格，因为他把自己的性格融入书法中了。其次，可以运用作品产生的背景进行思想观念的引导。还是以《兰亭集序》为例，笔者一边引导学生鉴赏

《兰亭集序》，一边向学生介绍其产生的缘由——《兰亭集序》写自外族入侵的时候，为了表现民族气节，鼓励同胞共抗异族，王羲之约文友在兰亭留下笔墨。他想用书法艺术传递自己的爱国思想：外族是不能打败华夏民族的，即使华夏民族一时在战场上失利，可是华夏民族的文化是不可征服的，这种文化承载着国人的精神，只要保持着这样的精神，国人总有一天会打败异族的。王羲之就是在这样的背景下完成了《兰亭集序》，它满载着他的爱国热情，展现出他作为华夏民族一员内心的自豪感。笔者明显感觉到学生在鉴赏了书法，了解了文章背后的文化背景以后，对课文的学习有了不同的视角，而不是仅仅在读一篇课文。最后，教师可以通过解读人物性格命运完成文化对学生生命的滋养。例如，在学习《鸿门宴》时，教师就可以通过对刘邦及项羽性格的分析，对他们的成败的看法举行一个辩论赛，让学生畅所欲言。（对人物性格的解读何尝不是他们对人性的一个了解和学习的过程）然后可以用角色代入的方法让学生进一步反思自己性格中的优势和劣势。至此，课文已经不只是课文，语文课不仅是只学知识的课堂，还是自我心灵提升的课堂。这个时候，教师再做适时正确的引导，文化的传承不就在潜移默化中实现了吗？

三、利用典型文体培养学生的写作能力

高中学生必须具备一定的写作水平，而高中语文作文教学一直是语文教学的难点。而在经典篇目中不乏写作技巧高超的文章，如《劝学》就是议论文的典范。我们可以以这一篇文章为范文，分析议论文的写作框架。通过学习这一篇课文，学生会发现议论文的基本写作框架为：首先，说明自己的议题及探讨这个议题的意义；其次，应用多种方法阐述自己的观点，阐述观点的语言要生动、富有感染力，观点与观点之间要有内在逻辑联系；最后，要强调自己的观点，为自己的观点点睛。基于此，教师可以引导学生看到，无论是古代还是现代，写作方法是具有共通性的，学生可以以古典文学经典名作为范本，汲取相关的语文知识，打下坚实的写作基础。

四、紧扣课文扩展丰富的文化底蕴

学生的写作水平与他们的语文知识积累有关，通常情况下，学生语文知识积累得越多，写作水平便越高。我国传统的国学名著是经过时间考验的文学作

品，它们能被广泛流传就是由于它们具有较高的语言文学艺术价值，教师在教学时可引导学生自主学习古典文学名作，汲取语文知识，提高写作水平。但是优秀名篇非常多，学生的时间及学习能力也是有限的，基于此，教师可在课文之外适当延伸，让学生从中汲取语文知识。例如《劝学》一文，教材中只是选择了其中的一个部分，学生学完后教师可以将其他部分作为补充让学生有所了解。学完《赤壁赋》后（因为课文选的是《后赤壁赋》），教师可以将《前赤壁赋》补充出来当作延伸阅读。学完《杜甫诗三首》可以复习学过的篇目，教师可以补充介绍几篇杜甫的名篇。这样既可以紧扣教材，又可以做到很好地丰富学生的积累，从而为写作积累不少素材。

总而言之，笔者认为高中语文教材在选篇时已经很好地体现了传承中华优秀文化的用意，关键是作为一线教师的我们，要知道如何运用好教材，充分挖掘教材不同层面的作用，让其更好地为高中语文教学服务。一篇经典文章可挖掘的点、可解析的角度非常多，但要牢记高中教学和大学教学与百家讲坛式的漫谈还是有很大的区别的。我们要充分考虑的是高中生的积累水平、理解能力和学习能力，落实文言知识点，然后简单实在地让学生了解背景和人物性格，尽量客观地展现历史评论，梳理文化脉络，最后才对其中的善恶美丑做进一步的思考和辨析，让学生对优秀传统文化价值取向有初步的把握。

参考文献

[1] 周卫山.浅谈高中语文新课改后的文言文教学 [J].中国市场，2013（29）：201-202.

[2] 吕萍惠.高中语文教学中传统文化教育渗透的思考 [J].中国校外教育，2016（12）.

[3] 武育新.刍议高中语文教学中传统文化的渗透 [J].中国校外教育，2015（10）：111.

[4] 王敏.高中语文教学中渗透传统文化的有效途径探索 [J].读与写（教育教学刊），2015（4）：104.

（注：此文为梅州市第九届教育科研重点课题"高中语文教学有效渗透国学经典教育的研究"的研究论文。）

基于合作性视角下的初中名著微课程开发刍议

广东省梅州市梅江区梅州中学　罗雪娇

《全日制义务教育语文课程标准（2011年版）》颁布实施后，"名著推荐与阅读"为中考必考的篇目之一，为拓展中学生语文阅读的广度和挖掘他们思想的深度，各类名著导读层出不穷。初中生正处于一个成长发展的关键时期，语文教学尤其是名著教学对于学生人生观、价值观、世界观的塑造具有十分重要的影响。为解决初中名著阅读问题，微课程的开发应运而生。下面，笔者根据现阶段初中名著教学的现状，就合作性视角下的初中名著微课程开发谈谈几点见解。

一、初中名著阅读教学现状

语文学习是一个周期长、见效慢的工程，是需要投入很多时间和精力的工程，而名著阅读要取得成效更不可能一蹴而就。名著阅读的现状主要体现在以下两个方面。

1. 教师对名著阅读缺乏指导、落实

在应试教育的大环境之下，大批教师和学生踏上了永不停歇的考试和作业的"战车"，这使得初中语文名著阅读颇受冷遇。这些文学作品都在特定的社会和时代背景下产生，还带上了时代的语言特点，这无疑成为学生阅读的障碍。教师进行名著阅读导读势在必行。然而，部分山区教师的自身文学修养不足或对教材中的名著阅读没有做过多研究，甚至有些篇目连看也没看过，导致其对这类名著的解读相对浅显，也会出现教师大多布置给学生看，但学生有没有阅读，出现阅读情况难以得到检查和落实的情况。这会导致初中语

文名著教学效率低下，无法达到课标的要求和标准。

2. 学生阅读兴趣和热情不高

在中考指挥棒下，不少教师为了追求教学成绩，将名著分割成一个又一个的片段练习或一道又一道练习填空题，汇编成学习资料印发给学生，让学生背诵作者常识、故事梗概、艺术特色、主要人物及人物性格特点等知识点。学生没有进行整本书的阅读，对情节了解不全，背诵这些知识枯燥无聊，变得苦不堪言。本来趣味盎然的名著阅读变成了填鸭式的知识背诵，学生怎么会喜欢这样的学习？

这样的名著阅读教学显然走进了死胡同，我们迫切需要一种新的教育模式来改变这种枯燥乏味、效率低下的教学现状，因此合作性名著阅读的微课程开发应运而生。

二、如何开发合作性初中名著阅读微课程

微课程具有完整的教学设计环节，包含课程设计、开发、实施、评价等环节。形式可以是微视频，也可以是录音、PPT、文本等，包括学习清单和学习活动的安排。那么合作性名著阅读微课程应该如何开发呢？

1. 分配任务，现场录制

平常教师一周布置名著阅读3～4章节，每周检查一次，部分学生没有养成每天阅读的习惯，等到老师要检查时，只能敷衍了事，达不到阅读的效果。为了改变原来名著阅读的弊病，在阅读名著《骆驼祥子》时，笔者改变了阅读方式，要求学生每天看一章，第二天由学生上台展示所看章节的内容梗概、精彩语句赏析和阅读心得，大约400字，用时2分钟左右。教师现场录制，然后将每天录制的视频放到网站或做成美篇，学生可以回看。如果学生在展示的过程中没有达到预期的效果，这时教师就可以要求学生重新准备再录制。由学生合作完成的名著导读视频，增加了学生的参与度，因此每名学生都有机会展示各自的阅读成果，还能将阅读的成果分享给大家看。这样既激发了学生阅读的兴趣，又培养了学生的表达能力。

2. 利用假日，制作微课

为了激发学生的创作欲望，笔者教学生做PPT，并用PPT制作微课，然后将名著分章节安排给学生，由学生利用节假日制作微课。例如，在《西游记》的

阅读中，笔者将这部分的内容分配给学生，每人承担两章，一个班50名学生，100章的《西游记》就全部安排完毕。笔者要求学生先写好这些章节的内容梗概、精彩情节分析、人物形象分析以及学习心得，大约1000字，写好后发到班级邮箱，由笔者审核，若没有问题，学生按照所写的内容做成PPT，然后制作成微课视频，上交给笔者审核。不过关的内容笔者指导修改，然后再由学生重新制作。这是一个复杂的制作过程，虽然有些困难，但学生参与其中的制作实际上也是一个学习的过程。在制作的过程中，学生阅读了文本，也加深了对故事情节和人物形象的理解。学生合作制作完成《西游记》名著阅读微课视频，笔者将学生所制作的微课编号并放到网上，供学生随时回看。学生合作完成整本名著阅读微课视频制作的方式，既锻炼了学生的朗读能力、PPT制作能力、微课制作能力，也激发了学生阅读文本的兴趣。

3. 师生合作，制作微音频

合作完成名著阅读微课程，不但可以由学生合作制作视频，还可以由师生合作制作微音频。这个制作过程其实并不复杂，只要有一个手机，有内容就可以进行录制。例如，在《海底两万里》的阅读导读中，每名学生都有一本名著导读书，为了让学生更好地掌握名著的相关知识，笔者将这部小说的内容进行规划。笔者先录制作者简介、主题，然后将一个班分成8个小组，每组6～7人，每个小组负责录制一部分章节，要求每组合作完成这部分的内容，由组长负责检查录制的情况。8个小组录制完成后再整合成完整的微课程。音频的录制比微视频的录制更容易操作，学生能够很快完成任务。在这个过程中，学生既阅读了名著的内容，又可以掌握相关知识。

微课程是具有划时代意义的新型教学模式的典范。它将一个个具有教学时间较短、教学内容较少、资源容量较小、资源使用方便（资源组成、结构构成"情景化"）等特点的微课组成一个完整的微课程。教师引导学生合作完成一个微课程的录制符合"以生为本、以学为本、以生命为本"的教育理念。

观看微课视频的时间和地点较灵活，学生可以自由选择观课的时间、地点、方式、内容。微课视频有一个很大的优势就是学生可以不断回放，直到熟练掌握名著相关知识。学生可以循环使用视频材料，再通过课前、课中、课后、线上、线下的广泛交流进行对比、检查、回顾、反馈。学生能够真正学有所得，解决了教师在初中名著阅读教学中的难题。合作性微课程的开发有利于名著阅读教学，正成为时代发展的趋势。

参考文献

［1］姚静.名著鉴赏微课教学设计的方法与策略［J］.文学教育（上），2018（11）：78-79.

［2］姚佩琅.名著阅读教学"四步工作法"［J］.语文教学通讯·D刊（学术刊），2019（1）.

（注：此文是广东省教育科研"十三五"规划课题"微课程下的山区中学合作性语文阅读教学的实践与研究"的研究论文，课题批准号：2017YQK112。）

初中作文教学指导与评改形式探究

广东省梅州市平远县田家炳中学　黄春远

众所周知，语文学科的繁难复杂、博大精深，历来为人评议最多，教学争议最大。近年来，语文教学再度成为社会关注的热点，语文教学改革也已经大刀阔斧地开始。但笔者认为，要真正进行语文教学彻底的改革，最关键的一步是要转变多年来在人们头脑中形成的根深蒂固的观念。下面笔者就初中作文教学指导与评改形式的改革创新谈谈自己的一点拙见，目的在于抛砖引玉。

大家都清楚，每学期学生练习的作文大约七八篇，而且学校大都规定全批全改，精批细改。于是语文教师便都忙得不亦乐乎，圈圈点点，旁批侧注，唯恐不周，结果许多语文教师把大部分精力放在作文批改上，没有多余的心思花在教学研究与方法的指导上。但这种方式的结果也往往事倍功半，绝大多数学生对此的表现是：当作文本发到手，看看分数，瞧瞧总批，匆匆塞进书包就完事。何也？学生心仪者分数也。若是如此，语文教师辛辛苦苦不舍昼夜进行批改的意义究竟有多大？

当我们正困惑不解时，改革的春风吹醒了固封的头脑，作文教学改革也势在必行。笔者认为，语文教师必须从繁忙的作文批改中解放出来。古人云："善学者，师逸而功倍。"教就是要使学生善学。精批细改就算是金子，但也没有点金术这么值钱、受用。所以，教师要给学生能点石成金的指头，也就是说要使学生学会自改自评，互改互评。

当然，新事物的出现总会招来一些非议。今天，我们致力的作文教学改革同样会受到一些传统教学思想的无理指责，守旧者担心这是"自掘坟墓"，也有人说让学生评改作文"有悖常理"，是语文教师"偷闲""逃避改作之借口"等。不错，教师是轻松了、省事了，这就是"师逸"，但学生勤了，能力提高了，能自评自改了，可以撒手了，这难道不好吗？军事上尚有"运筹帷幄之中，决胜千里之外"之说，教学亦应如此。我国著名作家、教育家叶圣陶先生就曾说过："学生能读书，须能作文，故特设语文课以训练之。最终目的为：自能读书，不待老师讲；自能作文，不待老师改"。叶圣陶先生这一独到的见解，不就是最好的明证吗？

简言之，教师的评改对学生作文是启发性的，不能没有，但不应全部代劳，毕竟教师的评改不能代替学生自己的评改。在平时的学习中，教师有意识地培养学生评改作文能更好地在实践中逐步提高他们自身运用语言文字的技能与技巧，从而培养学生分析与解决问题的能力，对学生自身写作能力的提高也大有裨益。

然而，语文教师培养学生修改作文的能力也要有计划地进行，笔者主要从以下三个方面着手。

一、组织集体评改

语文教师可以从学生的作文中选取若干具有代表性的作文印发给学生试改，可将学生分成四人小组或八人小组等，指定组长（由作文能力较强的同学担当）负责组织实施、综合，对于有异议的作文，小组展开讨论并充分听取本人的意见，也可以请教师指导。这种做法可以先在课内进行，再逐步推广到课外，形式自由灵活。

二、推进自评和互评

语文教师可结合中考评分标准，将学生评改作文的规则、程序进行公布。笔者设计的评分准则是：根据写作文体（记叙文、说明文、议论文）适当调整。整体印象基本成文，达到规定字数可获底分（基础分）40分，对符合下列要求可酌情加分。①中心鲜明集中（加1~5分）；②叙述说明清楚（加1~5分）；③结构层次清晰（加1~5分）；④不写病句、错别字（加1~10分）；⑤标点符号无明显错误（加1~5分）；⑥语言准确、生动、形象（加1~5分）；⑦有适当的描写、议论、抒情（加5~10分）；⑧书写工整、明朗（加1~5分）。上面8项给出得分，再累加总分，并写出总评语，最后签上评改者姓名，以示负责。

评改别人的作文，能使自己看到别人的长处；自己的作文被别人改，可以看到自己的不足。猎奇心强的中学生会因此兴趣顿增，教师的重点则放在对学生的评改进行讲评。这种教学方式的效果事半功倍，又较好地调动了学生的学习积极性。这就可以做到取长补短，也有利于规避教师评改的主观性与片面性，真正做到教学相长。

三、教师综合评改评讲

教师综合评改评讲是最关键的一环。学生改作文，乍一看，语文教师好像解脱了，其实他们并不轻松。语文教师要把重点放在评改过程与细节上，掌握学生评改的全部情况，针对学生评改中出现的问题，还要逐个进行订正和集中评讲。教师在班上具体讲评三至五篇有代表性的学生作文，更易于讲清楚存在的问题，面对面解决问题。而且教师当着全体学生表扬学生比仅仅在本子上批几句话更能鼓励学生学习的积极性。另外，教师解决了改作文的后顾之忧就可放手加大作文的训练频率，每周写一篇行，二三天写一篇也行，一个学期下来，就有二十多篇了，再加上平时写写观察日记（周记），练笔的机会就不少了。俗话说得好："三天不念口生，三天不写手生。"传统意义上教师全批全改，学生一学期下来最多只能写七八篇作文，相比之下，孰好孰坏，不言而喻。

通过这些训练，原先那种一写作文就抄一篇优秀习作的现象没有了（因为再抄的话，同学一改马上露馅了），学生懂得写作文就是运用形象的文字语言再现客观事物，表现自己的主观情意，学生追求的不再仅仅是分数，而是怎样用生动、准确的语言来表情达意，以情动人，以理服人。

以上就是笔者近年来在作文教学指导与评改中的一些实践，也是我对叶圣陶先生"自能作文"思想的一点感悟：勤读、多写、细改，三者互为制约、互为促进、相辅相成，是写好作文、提高写作能力的必由之路！

参考文献

［1］叶圣陶.叶圣陶语文教学论集［M］.北京：教育科学出版社，1980.

［2］杨初春.实用快速作文法［M］.桂林：漓江出版社，2002.

初中文言文教学初探

广东省梅州市梅江区城北中学　陈人凤

文言文是我国古代先贤的智慧结晶，是我国古代文化的重要载体，是现代汉语的源头。学好文言文是继承民族优秀文化的需要，也是学好语文的需要。那么如何让学生轻松入门、掌握方法，提高文言文的学习效果，喜欢上文言文呢？这就需要教师为学生找到一条学习文言文的"捷径"，让学生领略古代文化的精髓。

一、激发兴趣——学好文言文的前提

《全日制义务教育语文课程标准》指出："学生是语文学习的主人，语文教学应激发学生的学习兴趣。"学习兴趣是学生在心理上对学习活动产生爱好、追求和向往的倾向，是推动学生积极主动学习的直接动力。孔子说得好："知之者不如好之者，好之者不如乐之者。"只有"好之""乐之"，方能有高涨的学习热情和强烈的求知欲望，方能以学为乐，欲罢不能。初中文言文教学首先应激发学生的学习兴趣。这就要求我们教师要大胆创新，选好"突破口"，在"活""新"上下功夫。在教学实践中，我采取了一些灵活多样的教法，生动形象地吸引学生，唤起学生的参与热情。

1. 巧妙导入，激发兴趣

巧妙的课堂导入可以先声夺人，起到事半功倍的效果。在初中文言文教学中，课堂导入的方式多种多样，包括成语、典故、名言警句、历史故事、地理知识、风景名胜图片、影视作品的片段等。教师可尝试用新颖的板书、精美的图片、生动的引导语吸引学生；还可以借助现代化的教学手段，适当播放与课文相关的歌曲、影视片段等，拉近古今距离；对于篇幅较短、故事性较强的文章，教师还可以将其改编成短剧，让学生进行角色扮演；等等。例如在讲解《三峡》这篇文言文时，教师可以借助幻灯或图片展现三峡的景观，也可以诵读毛泽东的诗词，或让学生听李白、杜甫等古代大家描绘三峡的诗篇的朗读录音来吸引学生的注意力，激发学生的学习兴趣，让学生畅所欲言，谈一谈他们所看到的画中的三峡以及他们所认识的三峡，让学生在感性上对三峡有一定的认识和体会。通过巧妙的课堂导入，教师可以让学生对作者和文言文本身有一个大致的了解，同时激发学生的求知欲和好奇心，令学生产生强烈的学习愿望。又如在教学《岳阳楼记》一课时，我充分利用多媒体为学生展示了一幅幅迷人的自然风光图，并配以优美的音乐，给图画配上精当的解说，通过视觉和听觉的巧妙配合，把学生领入了如诗如画的风景中。如此，学生大都表现得热情高涨，学习效果也就不言而喻了。这样，学生对文言文不再是望而生畏，而是兴趣横生。

2. 情境再现，提高质量

苏霍姆林斯基说："让学生体验到一种自己在亲身参与掌握知识的情感，乃是唤起少年特有的对知识的兴趣的重要条件。"文言文这种文体与现如今人们的表达方式和写作习惯相去甚远，学生普遍存在理解上的困难，所以我们可以运用情境再现的方法，复活当时的情境，以此取得较好的教学效果。比如，在《曹刿论战》的教学中，我让学生表演课本剧，在学生了解课文内容和人物形象的基础上再进行辩论——"肉食者鄙乎？"这种方式为学生营造了浓厚的学习氛围，充分发挥了学生积极参与的主动性，课堂气氛相当活跃。又如在《卖油翁》一课的教学中，我利用影碟播放《卖油翁》的皮影戏，提醒学生注意影片中人物的一言一行，要求课后四人一组，分角色练习表演课文中的内容，在下节课上让每组各派一组成员上台表演，评出表演最逼真的一组和想象力最丰富的一组。这些教学情境创设方法的运用为课堂营造出了浓厚的学习氛围，给学生带来深刻的情感体验。

3. 发挥想象，创新意识

康德说："想象力是一种创造性的认识功能。"想象具有生动的再造性或独特的创造性。语文学科本来就有广阔的空间和丰富的想象力，一千个读者就有一千个哈姆雷特。那么，在文言文教学中，教师有意地引导和培养学生的想象力就显得尤为重要了。比如学完《桃花源记》后，教师可以引导学生进行想象能力的训练。桃花源景色优美、土地肥沃、资源丰富、风俗淳朴，那里没有压迫、没有战乱、人人平等、和平安宁，是当时乃至整个封建社会人们理想的世界。但假如太守等桃花源外的人找到了桃花源，桃花源最终会是怎样呢？学生自然会发挥自己的想象力，畅所欲言。有学生说假如桃花源外的人找到了桃花源，他们会纷纷在桃花源安居乐业；也有学生说假如太守找到了桃花源，他想占为己有，会发兵攻打桃花源，桃花源的和平宁静将会被打破，桃花源从此会战乱不断；还有学生说假如太守找到了桃花源，他会让桃花源人交苛捐杂税，桃花源人又将重新过上痛苦的生活。学生对此兴趣盎然，在自由想象的同时，不仅陶冶了情操，净化了感情，而且培养了自身的创新意识。

二、诵读感悟——学好文言文的捷径

朱熹说："学者观书，务须读得字字响亮，不可误读一字，不可少读一字，不可多读一字，不可倒读一字，不可牵强暗记，只要多读数遍，自然上口，久远不忘。"这不仅强调了诵读的重要，而且提出了严格的要求。文言文是一种鲜活的语言，尽管它已经失去"活"的语言环境，但自身有很强的可读性。古人云："读书百遍，其义自见。"俗语也说："熟读唐诗三百首，不会作诗也会吟。"人们对文言文的诵读更是如此。诵读是千百年来人们从学习文言文的实践中总结出来的行之有效的好方法。所以在教学中，教师要让学生多读，在读中疑、读中悟、读中品、读中诵。评价学生阅读文言文，重点在于考查学生记诵积累的过程。能背诵一定数量的名篇、佳句，不但能丰富学生的知识底蕴，培养语感，而且能激发学生热爱祖国文化遗产的热情。因此，教师指导学生诵读并形成习惯定能收到事半功倍之效。

三、品析理解——学好文言文的保障

《义务教育语文课程标准》（2011版）指出："诵读古代诗词，阅读浅易文言文，能借助注释和工具书理解基本内容。注重积累、感悟和运用，提高自己的欣赏品位。"教师对文言文的教学同样可放手让学生去学，把学习的主动权交给学生。纵观教材中的文言文，大多注释详尽，学生完全可借助注释及工具书去读、去悟。教师可提出问题，让学生自主合作探究。在此过程中，教师只做点拨、解疑，让学生从自己的动脑、动口、动手中达到学习的目的。

文本分析是阅读教学的重点，文言文也不例外，其也需要进行文本分析，需要解读。教师要引导学生借助多种形式的主体性学习活动，培养学生自主、合作、互动、探究性学习方式，建立民主、平等、互动的师生关系，循序渐进地化解重点和难点，培养学生创新意识和实践能力，优化全程教学。在教学实践中，教师应确定教学目标，在指导学生掌握文言文基本内容的同时让学生对文言作品做出适当的鉴赏、评析。体味文中之情，想象文中之景，领悟文中之道，感受文中之雅，是文言文教学的终极目标，也是文言文教学追求的最高境界。

四、品德教育——学好文言文的精髓

《语文课程标准》指出："培养学生高尚的道德情操和健康的审美情趣，形成正确的价值观和积极的人生态度，是语文教学的重要内容，不应把它们当外在的、附加的任务，应该注重熏陶感染，潜移默化把这些内容贯穿于日常的教学过程之中。"初中大量的古诗文为我们提供了学习前人思想品质和道德智慧的范例，如《论语》中就包含了许多做人或者学习的道理。又如《生于忧患，死于安乐》告诉我们逆境造就人才，人要能够经受住挫折的考验，在挫折面前，振作精神，努力奋斗，发挥主观能动性，方能冲出困境，柳暗花明。若颓然丧志，一蹶不振，自然也就只会消沉下去。教师要引导学生在面对优裕的生活时，应该时刻提醒自己不要沉浸于安逸和享乐，要努力进取，充实自己。再如《愚公移山》体现的是一种坚持不懈、不畏艰难险阻的大无畏精神。学生在学习中也一定会遇到很多困难，教师要引导他们吸取愚公移山的精神力量，面对困难不退缩，敢拼搏，坚持到底，就一定会取得成功。凡此种种，都会对阅读者带来人格力量的巨大震撼。作为语文教师，我们应该把初中的文言文教学与素质教育及现实的生活紧密地结合起来，重视渗透品德教育，真正发挥语文在重新建构人的精神世界和精神家园中的作用。

在初中文言文教学中，语文教师应当坚定自身教学信念，针对文言文阅读教学的有效性，采用形式多样的兴趣教学法，消除学生的畏惧心理，激发学生对祖国传统文化的浓厚兴趣和热爱之情，从而调动他们学习的积极性和主动性，落实好语文的素质教育，进而推动初中文言文教学工作更好地开展。

参考文献

［1］朱佩红.中学语文文言文阅读教学策略初探［D］.上海：华东师范大学，2006.

［2］周成荣.激发学生兴趣，展现文言魅力：初中语文文言文教学思路浅探［J］.读与写（教育教学刊），2012（10）：82+219.

［3］李钰娟.以兴趣为引导的初中文言文教学策略［D］.石家庄：河北师范大学，2013.

［4］卢永萍.浅谈初中文言文教学［J］.青海教育（文史天地），2008（1）：38.

［5］胡桂兰.浅谈文言文教学的方法［J］.读与写（教育教学刊），2008（5）.

浅谈语文教学中如何培养学生学会质疑

广东省梅州市梅江区城北中学　陈城萍

古人云："学贵有疑，小疑则小进，大疑则大进。"这其中的"疑"字就是觉悟和长进的根本。在教学中，我们要利用中学生好奇心突出的特点，将学生吸引到课堂中去，促使他们展开积极的思维活动，逐步提高学生的分析能力和自主思考能力。

一、转变教育观念，提供质疑机会

提问是课堂教学的常用手段，是引发学生思维活动的有效方式。但提问不能局限于教师问学生，还应包括学生问教师，这就是质疑。教师必须充分认识质疑对培养学生创新精神、创新能力的重要性，充分认识学生的潜能，消除"被学生问倒没面子""学生不会提问题""学生提不出好问题"等不正确的认识。在具体的语文课堂教学活动中，教师应该尽量帮助学生树立自信，并努力创设出学生敢想、敢说、敢做、敢问的良好氛围。

比如，学习《花儿为什么这样红》这篇文章时，我让一名学生质疑，他胆怯地站在那儿，一言不发。我用期望信任的目光看着他，并问他："想好了吗？"他终于鼓足勇气问："花儿为什么这样红？"这个问题引来了学生的哄堂大笑，但我当场表扬他问得好，并做了释疑。这样既让他有了成功的喜悦，又鼓励了其他同学质疑的积极性。教师长期坚持培养，学生的创新意识必将萌生，创新能力必能提高。

二、遵循渐进原则，提高质疑能力

从"敢问"到"善问"是一个循序渐进的过程，而培养和引导学生质疑也应该坚持循序渐进的原则。在教学中，首先，教师要让学生学会善于发现问题，这是提问的基础。其次，要让学生带着目标质疑，即让学生采用设问的方法自己提出问题再自己解决问题，或通过合作探究的方式解决问题。最后，要让学生有不同见解时及时发问，这是课堂质疑的最高境界。学生在阅读过程中要勇于发现，有自己独特的见解，并把自己这种见解提出来供其他同学讨论。面对学生的这种质疑，教师应充分肯定，鼓励他们敢于求新，勇于表达自己的观点。

例如，在学习《鲁智深拳打镇关西》后，学生对鲁提辖弃官出走，亡命天涯的结尾提出质疑。有学生说："大丈夫做事敢作敢当，鲁智深打死镇关西后却远走他乡，这样的结尾是否有损鲁提辖的英雄形象呢？"面对这样的疑问，学生发挥了合作探究的精神，在小组讨论后明确表示："这样写不但不损害鲁达形象，反而有利于展现他急中生智、处乱不慌、随机应变的一面，使人物形象更加丰满。"学生在设疑和释疑的过程中，创造性思维能力也由浅层次向更高层次逐步发展。

三、指点质疑途径，教给质疑方法

课堂的质疑要讲究发问方式、提问角度。如何让问题提得巧，提得发人深思，提得有新意呢？我们可以从以下几个方面入手。

1. 从题目入手设疑

从题目入手设疑，推测行文思路。如在学习《卧薪尝胆》一文时，出示课题后，我问："同学们看了课题后有什么想法？"学生们纷纷举手，提出了许多问题：①"卧薪尝胆"是什么意思？②是谁"卧薪尝胆"？③他为什么"卧薪尝胆"？我又引导学生："这些问题应该怎么解决呢？"有的学生说："查字典。"有的学生说："读书。"教师这时可以顺势引导学生用自己的方式去理解，攻克一道道难题。这样既满足了学生的好奇心，又激发了学生的求知欲，使学生的阅读理解能力不断提高。

2. 在重点难点处设疑

在教材的重点、难点处设疑，可以使学生快速突破中心。例如，我在教《曹刿论战》时，紧紧抓住"肉食者鄙，未能远谋"这一"文眼"，启发学生探究曹刿的"远谋"和鲁庄公的"鄙"的具体表现，在此基础上分析曹刿和鲁庄公两个人物形象，体会作品的艺术魅力，理解课文的主旨。我的设疑主要以考试大纲为依据，以课本为主要材料，帮助学生掌握基本知识，抓住文章的重点。这样环环相扣的设疑方法，最大限度地调动了学生思维的积极性，使他们在短时间内比较轻松愉快地掌握知识。

3. 在无疑处设疑

于无疑处去设疑，撞击学生思维的火花。例如，在学习《孔乙己》后，我让学生以小组为单位提一个问题。有小组提出假设："假如毒打孔乙己的丁举人生活在我们这个法制社会，他还能如此逍遥法外吗？假如孔乙己生活在我们这个和谐安定的社会里，他能凭自己的特长找到一份好工作吗？"因为这个问题问得很好，所以我请学生模拟影视剧中开庭审理案件的方式，对"孔乙己被害"一案进行公开审理，让学生为孔乙己推荐一份合适的工作。这样一来，学生对这篇课文又有了更深层次的理解和体会，收到的效果非常好。

引导学生质疑问难的地方还有很多，教师在教学过程中，要根据实际，引导学生逐渐掌握该在什么地方质疑问难，该用什么形式质疑问难。学生经过思考能提出问题，会提出问题，做到"学中问、问中学"，充分发挥自身创新的潜能。因此学生能意识到自我力量的存在，从而有效地增强学习的信心，成为学习的主人。

参考文献

[1] 屠永刚.增强提问艺术性提高教学实效性——例谈初中语文阅读教学中的"提问" [J].金色华年（教学参考），2012（5）.

[2] 李芬.阅读教学巧妙提问点燃学生思维火花——浅论初中语文阅读教学中的提问艺术 [J].试题与研究（新课程论坛），2012（1）.

[3] 周霞.浅析初中语文课堂教学中引导学生质疑 [J].小作家选刊：教学交流（上旬），2012（1）.

浅议运用校园文化资源在语文教学中
加强情感教育

广东省梅州市梅江区乐育中学　陈晓飞

以习近平同志为核心的党中央高度重视教育，习近平总书记强调："基础教育要树立强烈的人才观，大力推进素质教育，鼓励学校办出特色，鼓励教师教出风格。"普通高中语文课程必须以习近平新时代中国特色社会主义思想为指导，坚持立德树人，弘扬民族精神。但受到应试教育等因素影响，高中语文教学情感教育相对乏力，笔者认为，教师应采取灵活的教学方法加强情感教育，运用校园文化资源寓情于教，学校通过特色办学，坚持立德树人，提升学生的历史使命感和社会责任感。

一、充分认识在语文教学中实施情感教育的重要意义

1. 语文课堂是进行情感教育的主要阵地

白居易说："感人心者，莫先乎情。"著名教育家夏丏尊也说："教育之没有情感，没有爱，如同池塘没有水一样。"情感因素在语文教学中有着得天独厚的条件，现行的中学语文教材，名著名篇文质兼美，蕴藏着大量的情感因素，如血浓于水的亲情、真诚相待的友情、相濡以沫的爱情等。语文教师应该善于利用这些优势，抓住情感教育这一要素，运用各种有效方法，激发学生的情感体验。

2. 寓情于教是提升语文教学质量的有效渠道

卢梭说："教育之事，必须给予人们的心灵以民族的形式，而这种形式

其意向和嗜好使得他们不但由于必要，而且也由于倾向和愿望而成就其为爱国者。"例如，在学习《岳阳楼记》《谈骨气》时，教师可激发学生的民族自信心。又如在讲授《〈指南录〉后序》时，教师若能引导学生准确地体会文天祥连用十八个"死"抒发九死一生的忠贞不渝，学生必然会对作者的爱国情感产生更深刻、具体的体验。因此，在语文教学过程中，通过挖掘教材中的情感因素，教师发挥自身的积极情感因素，对诱发、培养学生的积极情感，提高学生的学习兴趣，提升自身的教学水平有着重要的意义。

二、具有特色的校园文化资源为情感教育提供源头活水

1. 校园文化应作为语文情感教育的重要资源

校园文化是整个学校教育过程中由师生创造的物质和精神财富的总和，其作为一种环境教育力量，对学生的健康成长有着巨大的影响。正如李怀亮在《浅议校园文化的概念及其功能作用》中所提，校园文化的意义就在于整合和升华这些优质的教育资源，自觉运用这些优质的教育资源，使之成为一所学校的精神和氛围。校园文化资源是一种教育的力量与效应，教育工作者要注重把其作为语文情感教育的一部分，为学校全面提高教育质量、培育优秀人才服务，为语文学科发展提供强大的动力；把具有特色的校园文化资源融入高中语文教学，对提高学生语文素养，感染并熏陶学生的精神有着不可估量的作用。

2. 注重挖掘、提升具有本地特色的校园文化资源

身边的故事最具感染力、影响力。以梅州城区的东山中学、梅州中学、乐育中学、广雅中学等为例，其历史悠久、人才辈出、环境优美，建校以来，为国家各行各业输送了大量的优秀人才，有许多优秀的校友典范以及独特而丰富的校园文化，这些都值得我们去挖掘、整合并运用到语文教学中。《新课标》要求语文教师应该高度重视课程资源的开发和利用，创造性地开展各种活动，让学生在各种场合学习和运用语文。而校园中的宣传口号、标语，学校的校风、校训等，都可以开发成为语文教学资源。在教学中，教师还可以把课堂搬到校园内，让学生真实感受到人文情境，让语文教学充满活力。

三、把校园文化资源融入语文教学加强情感教育的思路对策

首先，要不断优化校园环境，以便语文教学因势利导进行情感教学。

优美的校园环境有着春风化雨、润物无声的作用。学校要通过打造如诗如画的校园环境，布置体现悠久校史的展览，编写校友典范事迹，等等，向学生传递巨大的精神力量。学生在优美的校园环境和校风校史的熏陶中因美生爱，语文教学才能因势利导，寓教于情，寓教于乐，从而激发学生热爱学校的情感，增强学生"以校为荣"的责任感和荣誉感。

其次，要注意挖掘语文教材与本地校园文化对接、共鸣的情感因素。

"未成曲调先有情"。语文教材中的每个"曲儿"都是作者情感的结晶，都融汇着强烈的情感魅力，吸引学生在学习中融入情感。因此，教师在教学中要善于挖掘教材中的情感因素，如在讲授《飞向太空的航程》《一名物理学家的教育历程》时，可与这些学校走出去的优秀"两院"院士追寻科学之路的优秀事迹联系起来；又如在讲授《劝学》《师说》一类的文章时，教师可以结合对本校校训校史的解读，引发学生的情感共鸣，为语文教学奠定情感基础。

最后，语文教师要提升人文素养，注重对校园文化的了解、研究和运用。

"亲其师，信其道"。教师的情感对学生的影响是最直接的，因而在运用校园文化进行语文情感教育时，教师是关键。为此，语文教师要不断提高自身的人文修养，既要熟悉语文教材的具体篇章、深悟文本，又要熟悉校园的自然环境和人文环境，熟悉校风校史校训，只有这样才能更好地将自己的情感传达给学生，引发学生的情感共鸣，实现语文的特色教学，增强学生的社会责任感和使命感。

> **参考文献**

[1]李怀亮.浅议校园文化的概念及其功能作用[J].职业，2011（17）.

[2]海路.校园文化：一种重要的语文课程资源[D].桂林：广西师范大学，2005.

[3]朱嘉鼎.校园文化作为语文课程资源开发与利用的途径探索[J].作文成功之路，2017（1）.

[4]钟启泉，崔允漷，张华.为了中华民族的复兴为了每位学生的发展[M].上海：华东师范大学出版社，2001.

智动数学

培养学生的数学建模思想

广东省梅州市梅江区城北中学　梁蒲英

北师大2013版的初中数学教材有很多现实、有趣、富有挑战性的生活实例，这些实例主要以"实际问题情境——建立数学模型——解释、应用与拓展"的基本形式呈现，即从具体的问题情境中抽象出数学问题，使用数学语言表述问题，并建立数学模型，然后用相关的数学方法解决数学问题，最后获得对实际问题的合理解答。这样一个将数学知识应用于实际问题的过程，就是简单的数学建模过程。简单的数学模型的建立过程一般如下图所示。

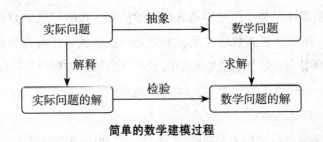

简单的数学建模过程

初中数学的建模思想常常把实际问题转化为方程或函数来解答。方程作为初中数学的基本功，它的运用非常广泛。

例1：如下图所示，在一块长35m，宽26m的矩形地面上，修建同样宽的两条互相垂直的道路（两条道路各与矩形的一条边平行），剩余部分栽种花草。

要使剩余部分面积为850m², 道路的宽应为多少米?

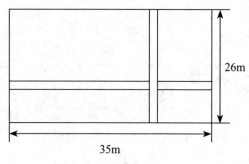

简单的数学建模

分析: 把所修的两条道路分别平移到矩形的最上边和最左边, 则剩下的种植园地是一个矩形, 根据矩形的面积公式列方程。

解: 设道路的宽为 x 米, 由题意有 $(35-x)(26-x)=850$, 整理得 $x^2-61x+60=0$, 解得 $x_1=1$, $x_2=60$。根据修建道路宽度的实际意义分析, $x_2=60$ 不合题意, 应舍去。所以道路的宽度应为1米。

在例1分析解决数学问题的过程中, 首先, 教师要引导学生知道什么是原模型, 它属于哪类模型。例1的实际数量关系为: "在长35m, 宽26m的矩形修建同样宽的两条互相垂直的道路, 剩余部分栽种花草, 面积为850m²", 这是问题的原型, 而模拟该实际数量关系所列的一元二次方程 $(35-x)(26-x)=850$ 是该原型的数学模型中的方程模型。

其次, 要让学生体会建立数学模型的基本过程。对"栽种花草"这个问题, 建模的基本过程是: 第一步是进行数学抽象, 找出问题中的数量关系, 忽略次要信息; 第二步是找数量关系, 本题是找出各数量之间的等量关系; 第三步是找数学模型, 本题是结合矩形的面积找到合理的方程模型, 用它来表述所得等量关系——建立了数学模型; 第四步是解模, 解方程——对照原型问题进行检验, 得出最终结果。

函数是反映变量之间关系的数学模型, 在初中函数教学中, 掌握自变量与因变量之间的关系是解题的关键。而函数建模就是将实际问题转化为数学关系, 发现数学关系中的数学规律, 抽象为函数模型, 应用函数知识解决实际问题的过程。

例2: 某商店购进一批单价为8元的商品, 如果按每件10元出售, 那么每天可销售100件。经调查发现，这种商品的销售单价每提高1元，其销售量相应减少10件。那么，将销售价定为多少元时才能使每天所获得的销售利润最大？最大利润是多少元？

分析： 在例2的教学过程中，首先将实际问题抽象出数学模型。

解： 设销售单价定为x元（$10 \leqslant x < 20$），每天所获销售利润为y元，则销售量为$[100-10(x-10)]$件，即$(200-10x)$件，根据总利润=单件利润×实际销售量，单件利润=实际销售价-成本价，则有$y=(x-8)(200-10x)$$=-10x^2+280x-1600$，（$10 \leqslant x < 20$），这样原问题即转化为二次函数的数学模型；将实际问题转化为求二次函数的最大值问题：将二次函数表达式配方为$y=-10(x-14)^2+360$，因为$-10<0$，当$x=14$时，$y_{最大}=360$，故当销售单价为14元时销售利润最大，最大利润为360元。

通过这两道例题的解答过程，让学生体会并总结出数学建模的一般方法：

（1）读懂题意。面对由实际问题所呈现的材料，要读懂其中所叙述的实际问题的意义，判断该实际问题要解决什么，以及涉及哪些相关的知识领域。

（2）理解转换。理解题目中的数量关系或位置关系，抓住关键，舍去次要条件，挖掘隐含条件，将实际问题转换成相应的数学问题。

（3）数学建模。通过数学符号化，利用已知量的代入、未知量的设定、数量关系的联系，建立与实际问题相对应的数学模型。

（4）实施解模。用已有的数学知识和解题经验对所建立的数学模型求解，并根据实际问题的约束条件设计合理的运算途径，得到初步的数学结果。

（5）检验结果。对所求出的数学结果进行解释与检验，或取或舍，使其符合实际问题的要求。

通过培养数学建模思想，学生能够将复杂的数学知识用简单的模型方法进行思考，并运用学过的数学知识简捷有效地解决一些复杂的实际问题。随着数学建模在中学数学教学中的不断发展和推广，学生将会很好地利用这一解题思想，体会到数学学习的意义和应用价值，为他们以后的学习积累经验，养成良好的学习习惯，将所学知识运用到今后的生活中。

数学建模应用的目的不只是扩充学生的课外知识操作技能，解决几个具体的数学问题，更是要培养学生的应用意识，教会学生方法，让学生自己理解、自己摸索，从而提高学生解决问题的能力，让学生感受到生活中处处有

数学，数学融于生活，与实际生活紧密相关，进而感受到数学的美。通过在数学教学中的不断研究和实践，在初中阶段开展数学建模教学是非常必要且有深远意义的。

参考文献

［1］李大潜.数学建模与素质教育［J］.中国大学教学，2002（10）：58-60.

［2］张思明.中学数学建模教学的实践与探索［M］.北京：教育出版社，1998.

浅谈如何在数学教学中渗透德育教育

广东省梅州市梅江区城北中学　吴秋萍

德育教育在整个教育教学中有着重要的地位，《普通高中语文课程标准（2017年版）》更是把它放在首要的位置。德育教育不单单只是在班会课上或者在课后的谈话中进行，教师在平时的课堂中也应该适时地渗透。作为基础学科的数学课堂也要进行德育教育。在平时的教学中，我们一方面要重视数学思维和创新思维的培养，另一方面要根据数学学科的特点，注重德育在数学课堂上的渗透。接下来，本人想根据自己的教学经验谈谈自己的一些做法。

一、联系生活，明确学习目标，提高学习兴趣

正确的学习动机是学生获取知识和形成技能的内动力。学生只有树立明确的学习目标，在学习上才会奋发向上，努力向自己的目标靠近。兴趣是最好的老师，只有提高学生学习的兴趣，才能变"被动学习"为"主动学习"。因此，在教学过程中，教师可以通过引入与课程内容相关的背景信息来促使学生明确自己的学习目标，激发学生的学习兴趣。例如，在课堂上，我们可以介绍我国数学家陈景润先生和华罗庚先生的事迹，介绍他们年轻时对数学产生了浓厚的兴趣，认真钻研，长大后努力工作，在数学领域获得了很大的成就，为祖国做出了很大的贡献。还可以介绍我国古代一些数学家的故事，如魏晋时期的刘徽，作注的非常有名的《九章算术》和编撰的《海岛算经》是我国非常宝贵的数学遗产；我国南北朝时期著名的数学家祖冲之编写了《缀术》，里面详细介绍了他计算圆周率的方法。这些事例可以让学生了解我们中华民族祖先的智慧创造，增强学生的民族自尊心和自信心，激发学生的爱国主义情感，促使他

们自觉实现自己的学习目标。

二、以身作则，切实发挥教师的示范作用

在数学课堂中渗透德育教育，教师首先要"以身作则"，利用自身的人格魅力来感染学生。教师进行德育教育其实就是在培养学生的情感，并对其进行潜移默化的教育。孔子言，"亲其师，信其道"。如果教师在平时的教学中不能正确处理和规范自己的言行，就容易对学生产生负面的影响，进而影响学生道德素质的提高。因此，作为教师，我们应该努力提高自己的能力和素质。在课堂教学中，要创设情境，营造轻松的学习气氛，将师生之间的情感融入认知活动中，使学生在愉悦的氛围中学习，从而有助于学生良好品格的培养。

三、善于挖掘数学教材，渗透德育教育

在初中的数学教材中，有很多内容可以成为渗透德育教育的载体，如图形的对称性、旋转等。例如，在学习轴对称时，教师可以指导学生在生活中找到轴对称图形，让学生自己制作一些轴对称图形并对其进行评价，奖励优秀的作品。在学习科学计数法时，教师可以选择一些有教育意义的数据进行教学。例如，我国地域辽阔，领土面积约960万平方千米；我国最高的山峰珠穆朗玛峰的高度为8844.43米，是世界第一高峰。在"黄金分割"一课的教学中，教师除了介绍"黄金分割"的知识，还可以让学生在日常生活中寻找利用黄金分割建造的东西。例如，国内外著名建筑、窗帘带、女孩腰带、高跟鞋跟高、主持人在舞台中所站的位置，等等。在这些素材中，学生可以体验到数学与日常生活的密切关系。在美好的环境中，学生可以快乐地学习数学，欣赏数学，对生活产生积极向上的态度。

四、组织数学课外小组活动，在活动中渗透德育教育

数学是一门与生活联系非常紧密的学科。数学知识源于生活，应用于生活，数学就在我们身边。所以在数学教学过程中，德育渗透不能仅仅局限于课堂，还应当适当开展一些数学课外活动或主题活动，让学生在活动中一方面感受数学知识与生活的联系，体会学好数学的重要性，另一方面掌握、巩固所学的数学知识。通过开展活动，教师可以培养学生积极向上的学习态度。例如，

在学习统计的时候，我在班里开展了学习小组活动：要求小组成员每天记录自己晚上在家学习的时间，为期一周，然后绘制成一张统计图，计算出本小组每天晚上的平均学习时间，最后小组之间进行比较，并谈谈自己的想法。这个活动不仅有助于学生巩固所学知识，也有助于促使懒惰的学生向勤奋的学生学习，激发他们的学习动机和兴趣。

德育教育是一项艰巨而系统的工程，具有长期性和永久性。教师教育学生不仅仅要教授学生数学知识，还要帮助学生树立科学的世界观和人生观。这就要求我们必须把德育教育和教学进行有机结合，认真设计课堂教学环节，把握渗透的可行性，注意渗透的合理性，结合班上学生的实际情况，确保学科内容与德育内容的和谐统一。

参考文献

［1］吴湘花.浅谈初中数学教学中的德育渗透［J］.新作文（教育教学研究），2010（9）.

［2］张展荣.浅议初中数学教学中的德育渗透［J］.新课程（教研），2010（5）.

培养学生数学自主学习能力

广东省梅州市梅江区梅州中学　钟　兴

《普通高中数学课程标准（2017年版）》提出的一个重要理念就是倡导积极主动、勇于探索的学习方式，力求通过各种不同形式的自主学习和探究活动，让学生体验数学发现和创造的历程。从教师方面来说，就是要通过优化课堂教学目标和教学方法，巧妙地组织、引导学生自主地参与学习，促使学生加深对知识的理解，激发学生学习数学的兴趣，形成以教师为主导地位和以学生为主体地位"双主"并重的课堂教学模式；从学生方面来说，即通过自主性学习活动，提高自己的学习能力，充分发挥主体作用，在学习活动中形成自己的学习方法，培养主体能力，塑造主体人格，变被动学习为主动学习。

在教学中，教师主要从两个方面培养学生的自主学习能力。

一、指导学生有效使用课本，引导学生自主参与课前预习

（一）指导学生有效使用课本

学生升到高中后，数学自主学习能力差的学生往往不太重视对数学教材的阅读，不能有效使用课本。因此高中数学教师首先要重视指导学生用读文科课本的方法来读数学课本。

第一步，预读

预读是一项基本的阅读技巧。它能够准确迅速地切入信息点。阅读时，学生要大胆猜想，允许出现错误，疑难问题暂做记录，在轻松愉快的情境中培养读书习惯。

第二步，精读

精读的"精"，是说阅读的时候要精细，仔细权衡教材的整体知识结构，准确把握单位课节的重点和关键，恰到好处地精读重点内容，在精读中悟出知识要点。学生通过教师的指导，能够有效使用课本，从而体会到自己可以通过科学的阅读获得知识，增强自主学习的信心。

第三步，重读

教师可以指导学生在每节课结束后、做作业前，都要留有时间重新阅读课本。教材中的例题是学习如何运用概念、定理、公式的一般示范，在阅读时，学生要将例题作为重点阅读项目。

在教师的指导下，大多数学生通过这三个步骤阅读数学课本，都能逐渐养成自主阅读的习惯，逐渐自觉自愿地去钻研数学教材，这样就培养了学生的自主学习能力。通过长期的锻炼，学生综合素质能够得到提高，并为其他学科的学习服务。

（二）引导学生自主参与课前预习

教师可以引导学生课前积极参与备课，让学生把课前预习准备做到位，自觉找出新旧知识点之间的联系，这样有利于提高学生的动手操作能力和参与热情，发展学生的思维，为上好课做铺垫。教师还可以利用"学习导引"引导学生课前自学，全面设计教学目标。

二、课内优化教学，创设情境，引导学生自主参与

在具体的实施过程中，教师创设问题情境可以从以下四个方面进行。

（一）设置疑惑和悬念来引入新课，引导学生自主学习

思维从疑中来，学生在学习中如果有了疑团，就会产生求知欲望。因此，在教学中，教师要有意识地设置一些与本节内容有关的悬念，使学生产生疑惑，有效地激发学生在获取知识过程中，产生强烈地探求问题奥妙的意识。教师设置疑惑和悬念来引入新课，要注意所设疑惑和悬念的度。不"悬"，学生不思而解，达不到激发学习热情的目的；过"悬"，学生望而生畏，百思不得其解，也会挫伤其学习积极性。

（二）创设阶梯式问题情境，可以促使概念发现探究

例如，"三垂线定理"教学。

教学时，教师在引导学生复习了平面垂直的定义及其判定定理、斜线的概念、斜线在平面上的射影的概念后，依次提出四个问题，让学生结合教具的演示进行探索。

问题1：根据直线与平面垂直的定义，我们知道平面内的任意一条直线都和平面的垂线垂直。那么，平面内任意一条直线是否也都和平面的斜线垂直呢？

学生对此问题暂时没有明确的答案。

问题2：将三角板的一条直角边放在桌面上，并确认这条直角边与平面的关系——在平面上，与斜线的（还是问题1中的那条直角边）关系——垂直。

学生认识到：平面内存在与平面的斜线垂直的直线。

问题3：在平面内有几条直线和这条斜线垂直？

学生认识到：平面内存在无数条直线与平面的斜线垂直。

问题4：平面内具备什么条件的直线，才能和平面的一条斜线垂直？

教具演示：将三角板的斜边当作平面的斜线，构成斜线、垂线和射影的立体模型，再用一根竹竿放在桌面的不同位置当作平面内直线，观察、探索、猜想竹竿与斜线垂直和桌面内某条直线垂直间的因果关系。

这样的概念教学，完全是学生自主发现问题并解决问题，教师没有干涉。通过四个阶梯式的问题情境，教师强烈调动了学生的求知欲，使学生主动地、自觉地加入问题的发现、探索之中，符合学生自我建构认知的规律。

（三）创设直观性问题情境，可以加深概念理解深度

例如，"充要条件"概念教学。

充要条件是高中数学中的一个重要的概念，并且是教与学的一个难点。对于高一学生来说，要正确而又深刻地理解这一概念还是有很大困难的。在教学此概念的过程中，笔者采用了四个电路图，视"开关A的闭合"为条件A，"灯泡B亮"为结论B，给充分不必要条件、充分必要条件、必要不充分条件、既不充分也不必要条件以十分贴切、直观的诠释，学生对此兴趣盎然，从而对"充要条件"的概念理解得入木三分。

（四）操作式探究，激发学生探索问题的积极性

教师进行数学解题教学时，不应该单纯地认为只是让学生进行简单的模仿和练习。数学问题的求解不能只归结为程式的套用。学生的学习需要探索，应该在理解的基础上自主地开拓和发展、思考。其实，数学思想方法要在教师的引导下，由学生自主地总结出来，这样学生才能够真正理解和掌握。

数学教学活动是师生互动的一个过程，在课堂教学中，教师必须严格遵循学生学习数学的心理规律，落实好以上三个方面的教学工作，采用以学生为主体、以教师为主导、以学生自主学习为主线的高中数学自主学习的教学模式，这样才能引导学生积极参与数学学习实践，参与问题探究，达到高效的课堂教学效果。教师要不断努力，并在实际的教学工作中不断地对学生进行一种潜移默化的引导，我相信，生本教育一定能够成为教学工作中的一种主流教育模式，也必将产生更多的有自主学习能力、有自主创新精神的人才。

参考文献

［1］郭思乐.教育激扬生命：再论教育走向生本［M］.北京：人民教育出版社，2007.

［2］何志奇.高中数学新型课堂构建的实践研究［M］.长春：世界图书出版公司长春有限公司，2013.

［3］陈权，陈雨斌.高中数学有效教学：实用课堂教学艺术［M］.北京：世界图书出版公司北京公司，2009.

［4］龚雄飞.高中新课程教学改革问题与对策［M］.呼和浩特：内蒙古人民出版社，2009.

［5］丁晓山.中国学生学习法：高考数学［M］.北京：北京师范大学出版社，2010.

［6］李玉平.在数学教学中培养学生自主学习能力［J］.高师理科学刊，2009（1）.

趣动英语

基于大数据平台的高中英语学科核心素养阅读教学探究

广东省梅州市梅江区梅州中学　李朝辉

2012年，涂子沛的《大数据》和维克托·迈尔·舍恩伯格的《大数据时代》相继在中国出版，这让许多中国人接受了一次彻底的思想洗礼，为教育教学提供了真实的数据。在大数据技术得到广泛应用之前，广大一线教师对各种教学水平的考核与评估主要是依靠学校上级部门及相关的教育人士在听各位教师的课并且结合广大学生考试情况的基础上，综合地对教师所教的学科的教学质量进行全面客观的评价，这让教育个性化服务不再是水中月镜中花。在大数据平台大发展的今天，在这个高度数据化时代，大家都会认为自己身后有第三只眼，如在某宝上购物，它会根据我们购物习惯推荐我们感兴趣的商品，网页上会提示我们曾经浏览和搜索过的词条。大数据将我们的信息数据进行汇总、分析、归类及整理，让我们舒心满意的同时，深感生活的便捷。

一、大数据给高中英语学科素养方向的阅读模式带来了新机遇

1. 网络大数据的影响

网络大数据为高中英语阅读课堂教学开辟了新的资源空间，并提出了全新的更为有效的训练方法和手段。整合这些海量的教育资源与先进的教学理念，

越来越多的教师已经充分地认识到移动互联网、大数据平台对于高中英语阅读教学模式产生的深层次的影响。教师能够利用先进的理论训练方法和手段，整合优化海量的数据资源，精心分析各种层次的各类学生的训练反馈数据。公开的网络互动在线学习平台，让我们的学生更多地接触和了解真实的外国文化及各种阅读技巧和手段，这将更有利于我们的学生对目标语言输入的理解与运用。

2. 大数据有助于调动和发挥教师主体性作用

高效的课堂应该是师生共同参与、共同体验、共同探讨、共同进步的课程模式。基于互联网时代的大数据训练平台能使我们的高中英语阅读课堂教学模式在先进理论的指导下变得更加自由开放，更加有利于学生主动参与，共同完成任务。

二、当基于"互联网+"的大数据技术平台遇到支架式训练模式

下面就以主题为"The Advantage and Disadvantage of Shopping on the Internet"的高中英语阅读课堂教学为例，全面展现基于"互联网+"大数据技术平台的智慧课堂教学模式的具体运用。教师登录中国移动倾心打造的基于大数据技术为教育发展服务的移动云教育资源平台，积极利用海量开放的教育资源，使得学生学习的时空隧道不再局限于传统的课堂。这种基于大数据技术的云教育在线平台上的各种资源为学生提供了一个突破时空限制的"互联网+"课堂。

1. 进入情境

教师利用这个平台所提供的丰富的资源向学生展示互联网购物给人们生活带来的种种好处，将学生引入一定的问题情境，激发学生的学习兴趣，并使学生积极思考。在此基础上，又提出互联网购物给人们的生活带来了不少坏处，同时提出对互联网购物的建议，号召学生呼吁人们合理使用这一新时代的工具，这样教师便为广大的高中生创建了真实的阅读意图。再通过视频材料与PPT展示，学生可以直观地了解互联网对现实生活产生的方方面面的影响，以及对在读学生个人产生的各种影响，为阅读的内容做良好的铺垫。

2. 搭建平台，引导探索

教师向学生讲解本次阅读所涉及的阅读基础知识和阅读策略等，并通过

课堂练习让学生熟练掌握。以情境为主的训练模式强调关注学生原有的知识水平与认知的变化，提倡教师和学生的互动，注重阅读过程，而不注重阅读的结果。首先教师引导学生进行头脑风暴，讨论使用互联网的优缺点，为后面的英语文本阅读问题的设计做铺垫。然后，教师讲解本篇文章的重点词汇、短语，如 "online shopping, phenomenon, more products, more choices, lower prices, convenient, fake products, cheat，be addicted to"，以提高学生正确使用词汇的能力，为阅读任务搭建起相关的词块平台。教师在此基础上引导学生注重文本所用的句首、段首关键词，从文本的篇章结构的角度层层递进，减少了一开始通篇阅读文本的压力。在学生完成简单句的浅层阅读时，教师提供一定的句式表达，来帮助学生理解文本内容的主体。接下来进行语篇分析，如文章脉络、行文逻辑、句型、语言组织等，从而不断提高学生对语篇的认知能力。例如，当看到 "They also agree that it is online shopping that has resulted in this increase in delivery." "However，the attitude of many consumers towards this rise is completely different." "On the one hand..., on the other hand..." 等语句时，教师可引导学生找出文章中类似的句型，如 "There is no doubt that..." "...is due to..." "It means that..." "In fact" "Even if" 等。语篇分析能力不是一蹴而就的，只有教师在平时的英语阅读课中多强调，学生点滴积累，才能在阅读时灵活运用。例如，在学习句式 "Online shopping is safer and quicker than ordinary ways." 时，教师可以利用好这一平台，在线上线下同步展示所见的典型例子，如 "Unlike ordinary ways，it goes without saying that it is safer and healthier."。同时，教师再进一步提供帮助，引导学生对主语从句+表语从句表达的认知，如 "What makes online shopping so good is that..." "While enjoying a lot of benefits that were brought by it，they also have to be faced with some disadvantages brought by online shopping."。

3. 独立探索

在本阶段，教师循序渐进地减少帮助，撤离相关的语言结构的提示，促使学生独立探究阅读，从而使其成为一名真正的独立阅读者。学生通过先前的训练模式的帮助，掌握了比较好的阅读技巧，对比较复杂的语言现象有了比较深入的了解。

4. 协作学习

在此过程中，整合的"互联网+"大数据平台是将各种离线的数据作为样本库的参考，对在线数据进行分析，及时有效地反馈结果，并且随着时间的推移和用户对信息资源的需求发生改变，及时更新资源分析结果，可以按照用户的不同需求进行决策，形成索引为用户访问和使用服务提供便利，对于与高中学生类似的用户进行自动归类，同时进行同类信息资源的精准分配。

5. 效果评价

根据"CUPS"原则（"Whether the capitalization（C），the use of words and grammar（U），the punctuation（P）and spelling（S）are correctly？"），课程教学组织方式从结构化良好的封闭式课堂教学逐步发展到半开放的混合式课程、完全开放的社会化课程教学，教学时空、师生关系进一步多元化。如利用基于大数据平台的智慧课堂拓展了课堂的教学时空，构建了一个"完全开放式"的教学系统，逐步构建基于"互联网+"大数据平台上的社会化学习模式，实现深度协作式、开放式教学，同时积极引导不同学校的学生与其他学生的作品进行互评，学生不但要对自己的文章进行检查、校对，同伴之间还要开展同级互评，其目的是帮助学生了解读者对自己文章的评价以及态度，了解自己对原文本的想法，了解文本信息是否充分，结构是否符合逻辑，思路是否清晰，词和时态的选用是否准确。

三、结束语

基于大数据的智能教育将是教育信息化发展的新阶段，是人文、科技与教育的高度融合。与此同时，在互联网高度发展的今天，知识海量的出现，也对广大的高中教师提出了全新的挑战，这就要求我们教师必须不断运用多媒体技术，丰富教学形式，及时更新教育教学观念，善用"互联网+"平台整合的大数据，掌握好时下可以与大数据平台融合得较好的支架式教学模式，鼓励学生既独立思考又合作探索，培养学生的创新能力，改变以往教学过于注重提高学生分数的灌输式教学模式，使培养的人才能力出众，符合国家对新时代人才培养的要求。

▶ 参考文献

［1］陈律.大数据背景下学习分析技术对教学模式的变革［J］.中国教育信息化：基础教育，2013（24）.

［2］张燕南，赵中健.大数据时代思维方式对教育的启示［J］.教育发展研究，2013（12）.

［3］RUDD J，DAVIA C，SVLLIVAN P.Education for A Smarter Planet：The Future of Learning［EB/OL］.（2009-09-04）［2020-07-30］.www.redbooks.ibm.com/abstracts/redp4564.html.

［4］张奕华.智慧教育与智慧学校理念［J］.中国信息技术教育，2013（6）：15-17.

［5］柯清超.技术推动的教育变革与创新［J］.中国电化教育，2012（4）：9-13.

［6］涂兰敬."大数据"与"海量数据"的区别［J］.网络与信息，2011（12）：37-38.

先声夺人，渐至佳境

——浅论高中英语课堂导入

广东省梅州市梅江区梅州中学　张　立

英语课堂教学的导入是指采用各种教学手段和方法，借助各种教学工具以导入新课，把学生的注意力集中到授课的内容上，然后过渡到新知识的传授上。"良好的开端是成功的一半"，导入在课堂教学中起着重要的作用。良好的课堂导入能够营造和谐的学习氛围，能够调动学生听课的积极性，能够激发学生的求知欲望，从而提高课堂效率。

一、理论要求

首先，兴趣是认识事物过程中产生的良好情绪。它能促使学生积极寻求认识和了解事物的途径和方法，使学生表现出一种强烈的责任感和旺盛的探究精神，所以课堂导入要有趣味性。

其次，教学内容和教学对象不同。对于不同题材的语言材料和不同年龄段的学生，教师应采用不同的导入方法，所以课堂导入要有针对性。

二、方法和技巧

1. 自由交谈

新课开始前几分钟，教师可以选择几名学生进行自由交谈（free talk），学生会在不知不觉中进入新课。如教Book 7 Unit 3 Under the sea这一新单元时，教师可以问学生是否去过海洋馆、是否参加过潜水等，可做如下的交谈：

T：Have you ever been to an aquarium or on a snorkerlling trip?

S：Yes，I paid a visit to Hong Kong Aquarium last year.

T：Can you name any undersea plants or animals?

S：Dolphin，sea star，turtle，shark，whale...（此时可引导学生使用本单元的词汇）

然后可以问另一名学生：

T：Do you have any favourite sea plants or animals?

S：Yes，I like dolphins most.

T：Why do you prefer dolphins?

S：Firstly，dolphins are cute. Secondly...（此时可引导学生陈述各种原因，包括与人类的互动或可帮助人类等）

在教师的引导下，这种师生之间的自由交谈能使学生产生兴趣，因势利导，过渡自然，在不知不觉中就能把学生从无意注意引向有意注意，既可引出新课话题，又有助于培养和提高学生的英语交际能力。

2. 创设问题情境

创设问题情境是激发学生思维的一种有效方法。如教Book 7 Unit 2 Robots这一单元时，教师可以提出一系列相关问题，如"Do you know any story, novel or film whose hero is a robot? Do you know how many types of robots there are? Can you tell me some of the robots you have seen? What can they do? What kind of robots would you like to create? "。让学生的思维活跃起来，帮助学生更多地了解机器人及有关的科幻小说、小说家阿西莫夫及其文学作品。这样逐步激发学生的兴趣，引导其思路，便可引起学生产生阅读课文的欲望。

3. 单词复习

"温故而知新"，有时可以由单词复习来导入新课。如在讲Book 7 Unit 5 Travelling abroad这一单元时，教师可先带领学生复习上节课学过的部分单词（abroad，adjust to，fit in，visa，qualification...），然后提问学生这些单词会令他们想起什么话题。学生的回答五花八门，课堂气氛一下子就活跃起来了。学生自由回答了一段时间后，教师可以提问一名学生：Can you make a phrase using "abroad"？学生就会回答：go abroad、live abroad、travel abroad等。学生一边说，教师则可以一边把这些短语写在黑板上，然后告诉学生：Today our topic is "Travelling Abroad"。如此一来，新课的导入也就完成了。

4. 看图提示

课堂导入如何才能对学生产生吸引力？导入内容形象、直观、突出，就会对学生有吸引力。如果教师需要讲授故事题材课文，可采用看图提示的方式来进行导入。这是一种利用教学挂图，自制图片或简笔画，借助投影或其他多媒体技术等现代化教学手段吸引学生注意力，然后围绕图片提出一系列问题，激发学生的求知欲，引入新课的导入法。

采用这种方法时，教师先让学生观察本单元中的插图并提出问题，如学习 Book 7 Unit 1 Living well 这一单元时，可先让学生观看 Warming Up 中的四幅插图，然后向他们提出一系列问题：Do you know anyone with mental or physical disability? Does the disability make it difficult for them to do some things? What have they done to try to overcome these difficulties? 学生打开思路后，教师可自然引出本单元的阅读部分——Reading：Marty's story。

5. 标题讨论

对于学生较熟悉的事情，教师可以围绕课文的标题设置问题与学生进行讨论来导入新课。这种方法简便明快，可使学生的思维迅速定向，很快进入对课文中心思想的探求。例如学习 Book 7 Unit 4 Sharing 这一单元时，"share" "volunteer" "help others"（分享，志愿者，帮助他人）这些话题都是学生熟悉的内容，教师可让学生直接看这一单元的标题 Sharing，然后提出讨论话题：Imagine you and your classmates want to donate some of your pocket money to help those in need . What would you do with your group's donation? 学生之间便会有一段自由而热烈的讨论，然后教师可以帮助学生理解"志愿者活动、献爱心活动、合作共享"的意义，由此便可水到渠成地导入这一单元的阅读课。

三、注意事项

（1）教师必须相当熟悉教材，把握好教材中的内容、重点和难点以及新知识与旧知识之间的连接点，能在新旧知识之间建立自然、平滑的链接；教师引用新的单词、句子，应以学生所熟悉的内容作为载体和铺垫，或者提供有助于学生猜测其意思的上下文，并且所举例子必须有启发作用。

（2）教师必须相当熟悉学生的个性。英语新课标强调情境教学，教学中往往需要学生配合去创设情境，如果教师对学生的个性不了解，创设情境就不容易，教学就无法得心应手，无法达到预期的教学效果。

（3）教师的语言要有趣，要有一定的艺术魅力，能引人入胜。教师的语言修养在很大程度上决定着学生脑力劳动的效率。

四、结束语

总而言之，教师要运用有意注意和无意注意相互转化的规律，充分利用学生的年龄特点和好奇心理，并根据新的语言材料的特点来进行高中英语课堂教学导入的设计，这样才能在导入这一环节中做到先声夺人、事半功倍，然后渐入佳境，从而提高课堂效率，进而提高教学质量。

支架式教学模式在高中英语写作教学中的运用

广东省梅州市梅江区梅州中学　罗庆松

2018年1月16日，《普通高中英语课程标准（2017年版）》（以下简称"课标2017"）正式颁布。"课标2017"倡导指向学科核心素养的英语学习活动观和自主学习、合作学习、探究学习等学习方式。写作作为语言学习的重要输出形式，历来是学生较难掌握的技能之一，也是高中英语教学的难点之一。目前，高中英语写作教学存在着教学模式单一、课堂活动缺乏小组合作和有效的评价手段、学生缺乏英语写作思维模式和写作习惯、课堂教学枯燥乏味等问题，这与"课标2017"的培养目标相差甚远。基于此，本文尝试将基于建构主义和"最近发展区"概念的支架式教学模式运用于高中英语写作教学，以期对同类研究起到启发作用。

一、支架式教学模式理论综述

1. 支架式教学模式

支架式教学模式萌芽于支架理论，而支架理论起源于"最近发展区"概念，该概念是由心理学家维果茨基（1978）提出的。"最近发展区"是指学生"现有的实际水平"与"潜在的预期水平"之间的差距。前者是指个体独立解决问题所展现的实际发展水平，后者是指个体在教师指导下获得与能力较强的同伴在合作过程中所展现的潜在发展水平。支架式教学模式就是在学生"现有的实际水平"与"潜在的预期水平"之间，以学生自身的知识水平为基础搭建起的一个"支架"，教师根据学生的具体情况提供适时的帮助、指导和必要的知识，帮助学生沿着"支架"逐步攀爬，随着学生的进步与发展，逐步减少帮助，最终拆除"支架"，培养学生获得知识和独立解决问题的能力，促进学生创新能力的发展，使学生的潜能得到进一步释放和发挥的一种教学模式。

支架式教学模式一般由设置情境、搭建支架、独立探索、合作探究、效果评估这五个相关步骤组成。以"支架式"理论为基础的教学模式能够辅助学生实现从"现有的实际发展水平"向"潜在的预期发展水平"顺利过渡，根据学生自身的知识水平，创设合作、沟通、讨论、竞争的课堂教学情境，搭建有效支架，培养学生的知识技能和创新能力，发挥学生的主动性、积极性和创造性，实现学科核心素养的培养目标。这为解决目前高中英语写作教学困境，实现"课标2017"的培养目标提供了坚实的理论基础和行之有效的教学模式。

三、基于支架式教学模式的高中英语写作教学课例

有鉴于此，结合高考题型，笔者在高中《英语》（人教版）选修七 Unit 4 Sharing有关志愿者的单元写作中设计了一节以支架式教学模式为主的写作课。下面具体阐述如何在教学中设置情境，搭建支架，进行独立探索、合作探究和效果评估，并顺利完成写作教学任务。

Step 1 Lead-in

（1）师生互动，共同分享志愿者经历。

（2）引入单元写作主题——志愿者工作申请信。

设计意图：引入主题，设置情境，激发兴趣，为设置情境做铺垫，搭建话题支架。

Step 2 Sharing

（1）展示"五星志愿者"证书，就"How to get such a certificate？"展开讲解，以图片展示，为学生提供与志愿者相关的活动类型和内容。

（2）小组讨论志愿者的相关内容：personality、ability、experience。

设计意图：此环节确立了学生的"最近发展区"，由"题材"向"素材"发展。通过教师分享、学生思考、小组讨论等热身活动，学生能够了解志愿者活动及志愿者所需的三种品质，教师设置情境，并成功将学生引入情境，搭建素材支架。

Step 3 The qualifications of a volunteer

（1）各小组派代表在黑板上展示小组讨论成果。

（2）教师展示suggested answers。

设计意图：此环节通过展示学生协作学习的成果，鼓励学生不断进行头脑风暴，激发学生表达的欲望和信心，加深学生对从事志愿者工作所需的三个要求的英文表达的印象，积累相关词汇和素材表达，搭建表达支架，为接下来学生的"独立探索"和"合作探究"奠定基础。

Step 4 Writing Task

（1）教师展示本节课的写作任务。学校在暑假期间即将要举行一次到边远山区给农村儿童送爱心的志愿者活动，你对此非常感兴趣，请你写一封信表达想要参加的意愿，内容包括：①表达意愿；②介绍自己的个性和资历；③期望得到回复。

（2）要求学生思考需要表达怎样的品质才能够成功申请这次志愿者工作，并进行列表，然后合句成文。

设计意图：进一步设置情境（新的志愿者活动），搭建支架（要求写出符合申请要求的句子），拆除支架（选择最合适的表达成文）。

Step 5 Display

（1）由学生进行小组讨论、对比、分析，探究本小组写得最好的作品。

（2）小组代表上台进行展示。

（3）教师进行有效的评价。

设计意图：此环节为协作学习和效果评价。学生在这一"合作探究"的过程中积极发言，通过欣赏和对比，最终选出本小组的代表在黑板上进行展示。这既锻炼了学生语言表达、审稿能力，又促进了小组间的互助学习。通过前面四个步骤，我们可以看到，无论是在遣词造句方面还是在素材选择方面，五个小组都有不同效果，完成得相当漂亮。

Step 6 Homework

设计意图：巩固效果，检查学生是否达到教学目标。

参考文献

［1］中华人民共和国教育部.普通高中英语课程标准（2017年版）［M］.北京：人民教育出版社，2018.

［2］田文燕，邓伟桃.概念型教学法用于英语应用文写作教学的研究［J］.中小学外语教学，2017（11）：38-41.

［3］钱萌.支架理论在《牛津高中英语》Project教学中的运用［J］.中小学外语教学（中学篇），2016（12）：44-48.

［4］伍尔福克.伍尔福克教育心理学［M］.伍新春，赖丹凤，等译.北京：中国轻工业出版社，2008.

肃动政治

浅谈高中政治科教学对知识信息的有效处理

广东省梅州市梅江区梅州中学　黄志晖

所谓知识信息，就是通过对知识的学习所获得的正确认识。它是促使人的素质不断提高的思维源泉。正确、有效地处理政治学科所提供的知识信息是成功进行高中政治教学的关键。

一、重视知识信息处理的必要性

重视知识信息的处理是高中政治科教学的必然要求。高中政治新课标的教学理念：一是强调生活，倡导从学生生活中概括出做人的道理，概括出新知识；二是强调情感态度与价值观，倡导学生在学习中树立正确的情感态度与价值观，实现知行互动；三是注重研究性学习，倡导开放互动的教学方式和合作探究的学习方式。这三种理念的共同点是强调学生的参与性，让学生在参与中提高创新能力。而这三种理念的实施，都要建立在一个扎实的知识理论基础之上。若没有一个强有力的知识基础做支撑，创新将成为空中楼阁。因此，政治科教学要通过引导学生理解和把握教材，使学生去感知、理解和掌握动态的、复杂的人文学科的规律。这就要求政治教学必须注重知识对信息的处理，引导学生学会掌握知识的方法，为正确认识各种社会问题的本质规律服务。也只有这样，政治教学才能活化知识，提高学生学习的积极性、主动性和灵活性，使政治教学成为学生提高学习能力的补给源。

总之，高中政治教学和学生发展的需要决定了政治教学必须将知识信息的处理作为重要内容并贯穿于始终。

二、处理知识信息的基本思想

更新教学观念，树立正确的教学思想，明确教学的基本思路和方向，是有效处理知识信息并使教学紧紧围绕这一重点进行的保证。为此，在教学过程中，教师可树立"把高考命题的特点、要求和新课标教学理念有机结合起来"的思想来提高处理知识信息的有效性。因此政治教学要着重突出以下几点：一是适当调整教材结构，改变因教材的平行叙述和章节纲目划分所造成的知识割裂、静态封闭，使之条理化、系统化、立体化；二是对教材知识进行归纳、综合、分类处理，突出内在联系；三是对具体知识点进行深化、拓宽、拔高处理，加深理解，凸显隐性知识，这一点在高考备考复习中表现得尤其突出；四是加强理论渗透，突出学科特点，培养学生的良好政治思维能力，力求"智、能"的统一和同步发展。政治教学若突出了以上几点，不仅能增强知识信息处理的有效性和目的性，而且能注入新的活力，推动政治教学改革向深层次发展。

三、处理知识信息的主要方法

在教学实践中，教育工作者可以根据政治知识信息的不同类型和构建系统性、立体性、有序性知识体系的要求，结合学生的心理特点和认知特点，吸收、借鉴各种教学方法，综合运用于对知识信息处理的过程中，这样便可收到良好的教学效果，具体做法有以下几个方面。

（一）对零散的知识信息要整合教材，建立知识框架

现行的高中政治教材是按照生活逻辑编写的，知识体系相对零散，需要对其进行必要的重组才能从整体上把握基本理论。现代学习方法理论指出，将所学知识条理化、序列化并内化为原有的知识系统是掌握和运用知识的正确法则。据此，整合教材、建立知识结构就成为处理政治知识信息的首要问题和必要方法。整合教材要注意以下几点：一要依据政治科概念的构成要素归纳具体知识，使零散叙述的知识点完整化。二要依据知识间的内在联系，将相对独立的知识联结为一体使之系统化，并具体、直观地呈现整体的政治科理论。比

如，教师在讲授完《政治生活》第二单元后，学生知道了政府职能、政府的责任、政府如何行政等知识点，但这仅是局部掌握知识，并没有全面掌握知识，因此教师可以指导学生按以下线索来整合教材。

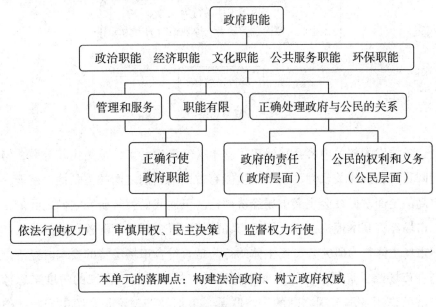

整合教材

通过上述整合，学生能从政府职能的行使中看待政府与公民的关系，甚至还可以上升到从社会主义民主法治建设的高度看待政府如何行使好职能。这样，学生对知识的认识就从孤立掌握提升到联系掌握，从而实现了对教材的合理整合，大大提高了教学质量。

（二）对关联性较强的知识信息要解剖范例，形成相对完整的知识专题

关联性较强的知识信息有时并不是出现在同一单元中，而是分散在各个单元中。所以学生要完整掌握这种知识信息就要对范例进行解剖。范例是指那些隐含着本质因素、根本因素、基本因素的典型事例。在处理政治学科知识信息的过程中，突出范例解剖法的运用，就是使学生通过对典型事例的学习加深对同类问题的理解和认识，实现知识的迁移，提高学习能力。比如，在高考备考中复习社会主义市场经济时，学生可以按如下思路复习。

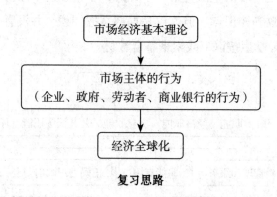

复习思路

这条线索的相关内容几乎涵盖了整本《经济生活》，虽然比较分散，但它们之间具有较强的关联性，如果学生能有效归纳它们之间的关联性，就能在一个更高的层面掌握社会主义市场经济理论。下面我们就来研究它们之间的关联性。市场经济基本理论主要介绍了市场如何配置资源及其配置资源的优点和缺点。市场主体行为研究各市场主体的行为是否符合市场经济的要求。经济全球化则在市场配置资源的空间方面进行延伸，从世界经济发展的角度来思考市场经济的作用及国与国之间的经济联系。市场经济理论是介绍市场经济的共性，而市场主体行为和经济全球化则是对市场经济的具体知识进行介绍，它们是共性和个性的关系。学生按这种思路复习符合演绎思维的规律，不但掌握了具体的市场经济知识，而且对社会主义市场经济的认识在广度和深度上有了更多的理解。

总之，紧紧围绕知识信息的处理来设计和组织政治教学是中学政治教学改革的发展方向。教师只有不断更新教学观念和自身的知识结构，树立正确的教学观，遵循正确的教学原则，采用恰当的教学方法，引导学生寻微探幽，挖掘政治学科知识的丰富内涵，最大限度地获取知识信息，才能适应时代发展的需要，开创政治学科教学的新局面。

本土资源扬文化自信，立德树人促使命担当

广东省梅州市梅江区梅县东山中学 李雄培

党的十九大报告中指出："文化是一个国家、一个民族的灵魂。文化兴国运兴，文化强民族强。没有高度的文化自信，没有文化的繁荣兴盛，就没有中华民族伟大复兴。"习近平总书记强调，思想政治理论课是落实立德树人根本任务的关键课程。教育工作者要教育引导学生增强中国特色社会主义道路自信、理论自信、制度自信、文化自信，厚植爱国主义情怀，把爱国情、强国志、报国行自觉融入坚持和发展中国特色社会主义事业，建设社会主义现代化强国，为实现中华民族伟大复兴而奋斗。

上好思想政治课，不仅要求我们要有相关的专业知识，还要求我们能够熟练运用身边的素材，将其融入教学，以取得良好的教学效果。客家地区有着丰富的客家文化资源，完全可以将本土客家文化资源融入思政课教学。本文以《文化生活》教学为例浅谈开发本土资源，增强文化自信，落实立德树人的一些思考。

一、以本土资源的价值性增强文化自信

价值性理念是一种导向性原则，包括文化价值、教育价值和传承价值。文化价值强调文化自身的意义，即坚持本土文化的独特性，发挥其对民系的认同、维持的积极作用，对于保持文化多样性，促进文化繁荣与发展有着积极的影响。教育价值坚持本土资源的"效用"，有利于激发学生的兴趣，使得教育教学能够顺利和高效开展，同时对教育的主体和客体都能起到积极的影响，对价值观的形成具有导向作用。传承价值能够让本土文化得到传承与发扬。本土

资源的开发，能够增进学生对其的了解，弘扬文化自信。

二、以发挥学生的主体性落实立德树人

建构主义和人本主义都强调学生是学习的主体。现代教育理论对师生关系的认识指出，教师是主导，学生是主体。郭思乐教授在生本教育中提到，学生是教育对象更是教育资源。因此对本土资源的开发要有学生的共同参与，贴近学生生活、贴近学生能力及考虑学生的"最近发展区"，并且教师在教学中应注重学生对知识的生成，充分发挥学生的主体性，更好地落实立德树人。

三、本土资源引入的形式及案例

（一）本土资源引入的形式

把客家文化引入《文化生活》教材，其引入的形式可以多种多样。它既可以是点的形式也可以是面的形式，再或者是以专题的形式出现作为课堂知识的延伸扩展。点的形式可以是一节课的导入材料、列举的事例，或者是案例分析、补充材料、阅读信息、相关链接等。面的形式可以是对教材某一个单元、某一课或是某一框内容，围绕客家文化相关方面来进行重新编写，但要符合《普通高中政治课程标准（实验）》的要求，且保留教材基本观点，或通过设置问题情境把知识点联系起来。

（二）案 例

案例一：面的形式，以《文化在交流中传播》为例

情境一：2012年11月22日至28日，首届客家文化艺术节在梅州举行，以"融汇世界的客家，展示客家的世界"为主题，内容包括客家文化艺术作品展示会、客商产品展销会、幸福导向型产业招商引资盛会和世界客都旅游欢乐周、学术交流会等，吸引了来自印度尼西亚、泰国、马来西亚、美国、英国、法国等14个国家和地区2000多名客家精英出席。艺术节为弘扬客家文化，彰显客家精神，推动客属地区的文化大交流、经济大发展，打造了一个联结世界客家乡亲、传承客家文化的交流平台。

情境二：首届客家文化艺术节的举办吸引了北京、广州、梅州周边客属地区及香港、台湾等40多家媒体争相报道，向世人全面展示了客家文化艺术节的盛况，让更多的人了解梅州，了解客家文化。

情境三：首届客家文化艺术节主题晚会《梦里客家》在梅县曾宪梓体育场隆重上演，国民党荣誉主席吴伯雄、戴美玉伉俪出席了晚会，并登台献唱《客家本色》："唐山过台湾，无半点钱；煞猛打拼，耕山耕田……永久不忘祖宗言，永远永远。"

探究问题形成：问题一，举办客家文化艺术节有什么意义？问题二，首届客家文化艺术节的举办体现了哪些文化传播的途径？除此之外还有哪些途径？问题三，40多家媒体的报道带来了哪些影响？问题四，你如何做客家文化的传播使者？

案例二：专题形式方面

《文化在交流中传播》提到，传播途径的第二个方面是人类迁徙，本人还设置了一个探究题：我国历史上出现过几次大规模的人口迁徙，请你根据学过的历史知识，指出它们对文化变迁产生的影响。此处材料我们可以做一个修改，将其改为：请查阅相关文献或参观博物馆，谈谈客家人迁徙对客家文化形成的影响。我们可以把学生分成若干组，让学生自主去寻找相关资料，进行讨论，一段时间后请各组汇报成果，也可以针对这个问题请专家学者来校给学生开讲座。此举意在让学生了解客家人从何而来，客家文化是如何形成的，让学生提高对客家文化的认识，自觉传承优秀客家文化，发挥客家文化的育人功能。

四、结 论

经过一学期的实践，教学内容以本土资源扬文化自信，立德树人促使命担当为宗旨，贯彻了坚持价值性和知识性相统一、理论性和实践性相统一、主导性和主体性相统一的要求，每一堂课都精彩纷呈，课堂氛围活跃，学生的参与度高、主动性强，课堂的有效性也因此提高。

> **参考文献**

[1] 莫雷.教育心理学［M］.广州：广东高等教育出版社，2005.

[2] 郭思乐.教育走向生本［M］.北京：人民教育出版社，2001.

[3] 邝丽湛.思想政治（品德）新课程教学论［M］.广州：广东高等教育出版社，2005.

[4] 黄甫全.现代课程与教学论［M］.2版.北京：人民教育出版社，2011.

客家文化资源与高中政治高效课堂融合的原则

广东省梅州市梅江区乐育中学　李　琦

广东梅州是世界上最有代表性的客家人聚居地之一，有"世界客都"之称，被国务院命名为国家历史文化名城，有着丰富的地区特色资源。《国家中长期教育改革和发展规划纲要（2010—2020年）》鼓励开展高中办学模式多样化试验，开发特色课程。《普通高中思想政治课程标准（实验）》提出要开发特色资源。对于客家地区而言，客家文化资源是客家地区的高中政治教育教学实现高效课堂的优秀文化基因。客家优秀文化资源中的客家话、客家谚语、客家风俗、客家建筑等资源生动地呈现出文化特色和多样性。红色文化及客家先贤（如黄遵宪、丘逢甲、张弼士、罗香林及叶剑英等）的典型事迹又有力地展现了开拓进取、爱国爱乡、崇文重教、坚忍勤奋等客家精神，这对培养学生的坚强意志、专心致志的精神、诚信明礼品质等核心竞争力有重要的现实意义。

客家地区资源传递的价值观可观可感，可信可学，合理选用客家地区文化资源需要坚持如下三个原则。

一、坚持贴近原则

1. 贴近教学内容

贴近教学内容，即客家地区文化资源的选用要与教学目标相统一，要有助于教学目标的落实。为此，教师在挖掘、选用客家地区文化资源时，要注重其与教学目标相统一，以实现教学活动与教学目标相一致。

2. 贴近学生生活

心理学研究表明，学习内容越贴近学生熟悉的生活背景，学生接纳知识的能力就越强。为此，教师要把握学生脉搏，了解学生愿望，选取的内容需要深深扎根于学生心中，使政治教学可亲可信，深入人心。

3.贴近主体实际

这个主体主要是指学生，也包括教师。不同班级、不同学生之间存在着差异，既有生活经验和学习基础的差异，又有智力、认识方式以及性格等的差异。教师在客家文化资源素材的选择上要贴近学生的实际和需求，对相关素材进行挑选、删减、调整，这样才有利于学生主动学习并成为学习的主体。贴近教师是指教学素材选择要符合教师的教学风格和性格特点。每位教师的性格不同，风格各异，有的幽默机智、妙语连珠，有的情绪饱满、慷慨激昂，有的自然朴实但亲切随和。教师要基于自身的个性特点选择合适的资源素材和展示方式，这样才能很好地把控课堂，做到游刃有余。

例如，在讲解《传统文化的继承》时，教师可选用客家地区有代表性的民居建筑客家围龙屋，利用围龙屋的相关图片或视频展现围龙屋，引导学生发现南北建筑相结合的艺术风格和龙的精神的传承特点。又如学习《企业的经营》时，教师可以引用曾宪梓先生创立金利来王国的经历，为讲解公司经营成功的各个要素找到有力的实例支撑。曾宪梓先生为梅州捐建了学校、校体育场馆、教学大楼、大礼堂等，他对整个社会的回馈则可以成为讲解"人生价值的实现""弘扬中华民族精神"等内容的教学素材。

二、坚持适度原则

政治课本中的国家课程资源和客家地区资源是共性和个性、一般与个别的关系。我们将客家地区人文资源融入政治教学，就是要用学生熟悉的资源素材与课本知识相结合，起到抛砖引玉的作用，以亲近和生动的素材实现在个性中把握共性的目的。在客家地区文化资源的选用上切忌面面俱到，要坚持适度原则，如果在教学活动中刻意过度使用客家地区资源，就会过犹不及，反而使教学内容显得比较单一，降低了客家地区文化资源对课本知识的例证的可信度。

客家文化被誉为中国传统文化的"活化石"。梅州有6项国家级非物质文化遗产：客家山歌、广东汉乐、埔寨火龙、席狮舞、五华提线木偶、广东汉剧，省级项目有平远船灯、五华竹马舞、花环龙、杯花舞、五华石雕等13项。在讲授《世界文化多样性》时，教师可选用这些文化遗产的相关素材导入新课，这既有利于学生初步理解文化的多样性,又展现了学生身边客家特色鲜明的文化财富。客家是中华民族的一支重要民系,客家文化遗产也只是中华文化的一部分。教师要让学生了解世界文化的多样性,端正态度,把握基本原则,理解保持多样性的意义,就需要学生展现不同国家文化的精粹,以体会不同民族文化的差异。在选材的处理上应回归课本,以教材现有的故宫、泰姬陵、巴特龙神庙、复活节岛国家公园等世界文化遗产为例证素材,这既能让学生感受世界文化的多样性,还能让学生自然地承接文化遗产知识点的讲授。这样合理的选择在实现低耗时、轻负担的同时,不仅扩大了学生的知识面,还增强了教学效度。此外,政治教师应永远保持对时政的高度敏感性,抓住热点选取教学素材。

三、坚持"双向互动"原则

高效课堂一定是双向互动的课堂,具体表现为"教"与"学"之间相互联系、相互促进、有序发展的课堂活动过程,通过调节师生关系及其相互作用,形成和谐的师生互动、生生互动,以产生教学共振,从而实现高效课堂。教师在选用客家地区素材时不能仅仅展示给学生,更需要学生在阅读相关资料时对该内容产生共鸣以增强认同感,让学生从"储存器"向"动力源"转型。

例如,在学习《传统文化的继承》时,教师选用客家地区有代表性的民居建筑客家围龙屋来说明继承中有发展有创新。教师可以让学生课前收集梅县的万秋楼、围龙居,梅县南口镇的南华又庐,大埔县的花萼楼等图片资料在课堂上展示并讨论交流。

合理选用客家地区文化资源真正做到了从现实生活中去寻找教材内容的源头,让学生参与生活,还原理论的生活之义,用理论观点反观生活,实现从理论到生活的迁移运用,达到了政治课教学的根本目的,加深了该地区学生对区域特色文化的了解,有利于增强学生对客家文化的自觉与自信,实现了政治学科核心素养中对学生价值观、文化认同和民族精神的培养。

▶ 参考文献

[1]杨秀莲.中学政治学科有效教学[M].广州:广州高等教育出版社,2015.

[2] 中华人民共和国教育部.普通高中思想政治课课程标准（实验）[M].
北京：人民教育出版社，2004.

[3] 安国强.梅州两千年[M].北京：中国地图出版社，2010（9）.

[4] 林芳，李春南.客家文化与思想政治课程资源整合[J].中学政治教学
参考，2013（21）.

[5] 崔潇.思想政治核心素养培育探究[J].中学政治教学参考，2016（6）.

思动历史

分析历史事件原因的方法

广东省梅州市梅江区城北中学　赖辉平

历史事件原因的分类具有多样性和复杂性的特征。根据历史唯物主义观点和矛盾分析方法，人们可以把历史事件的原因分为根本原因和直接原因、主观原因和客观原因、内因和外因、主要原因和次要原因这四种类型。在历史教学过程中，我们经常会遇到部分教师和学生对历史事件中的各种原因区分不清，或把各种原因混为一谈，造成历史知识的传授错误和解题的正确率低下。下面笔者根据历史唯物主义观点和矛盾分析方法，结合自己的教学实际，就如何辨析历史事件的原因进行探讨，希望能对教与学的研究有所帮助。

一、历史事件的根本原因和直接原因

唯物史观认为，根本原因是指导致历史事件发生变化的根源或者说是最本质的原因，在影响历史发展的诸多因素中，是带有必然性的东西，在历史进程中起决定性作用的因素。这种因素是一种历史的客观存在，不以人的主观意志为转移，反映了客观历史规律的要求。一般情况下，我们可以从生产力与生产关系、经济基础与上层建筑、阶级本质及影响历史事物的主要矛盾等多个角度来分析和探讨历史事件的根本原因。

我们在世界历史的教学中讲到英国资产阶级革命、美国独立战争等内容时，就可以发现它们的根本原因都是资本主义经济发展了，而原有的旧制度阻碍其快速发展，这就说明经济基础的变化就要求建立与之相适应的上层建筑。换言之，生产力和生产关系、经济基础和上层建筑的矛盾是引起这些国家发生社会变化和发展的根本原因。

与根本原因相对应的是直接原因。直接原因是指导致事件发生的直接因素，是指对事物的发生发展起直接的推动作用，并直接促成其发生的原因。它往往是一种表面现象，事件发生的导火线通常就是直接原因。

二、历史事件的主观原因和客观原因

根据历史唯物主义的观点，历史事件的主观原因是指个人、阶级、政党等主体意识方面的原因。客观原因是指在人类的意识之外，不依赖人类的意识而存在的原因，是历史进程不可变动的因素。前者属于自我意识方面的原因，即人为的因素；后者是独立存在于人的意志之外的原因。历史的发展变化是主客观因素相互作用的结果。

一般情况下，以一个人、一个阶级、一个政党、一个集团为主体的历史事件多用主客观原因的观点和方法去分析成败的原因。

需要注意的是，如果是有多个主体的历史事件就不能运用这种方法。例如，在分析中国抗日战争胜利的原因时，因为抗日战争是以国共两党合作为基础的全民族抗战，涉及共产党、国民党等多个主体，无法确定哪个是主观原因，因而最好用内外因的观点和方法进行分析。

三、历史事件中的内因和外因

矛盾论认为，内因是事物变化发展的根据，外因是事物变化发展的条件。据此理论，我们可以知道，内因是指事物发展过程中的内在矛盾，是事物存在发展的根据和第一位的原因，决定着事物发展的基本方向。外因是事物发展过程中的外部矛盾，是事物存在和发展的条件和第二位的原因，其对事物发展的影响要通过内因才能起作用。一般来说，在分析一个国家的社会变化时，我们常用内外因相结合的观点和方法进行分析。如日本幕府统治的危机，内因是封建经济逐步瓦解，资本主义生产关系逐渐形成并初步发展；作为幕府统治基础的中下级武士转变为反对幕府统治的中坚力量；广大劳动人民的反封建斗争。外因是美国等西方资本主义国家的经济入侵，使得民族危机空前严重。

四、历史事件的主要原因和次要原因

矛盾论的分析方法认为，主要原因是指在诸多原因中起主导作用的因素。但这种主导因素有时不止一个，像内因、根本原因、主观原因等起决定性作用的原因称之为"最主要的原因"，不属于主要原因的就是次要原因了。不过一般的考题只要求分析某个历史事件的主要原因。例如，抗日战争胜利的主要原因是：①建立了以国共合作为基础的抗日民族统一战线；②中共领导建立的敌后抗日根据地军民的持久抗战；③中共坚持实行全面抗战路线；④国民党政府在正面战场的抗战；⑤中国的抗战得到爱国华侨和世界人民的大力支持。这些原因都应算是主要原因，而第一条原因应是"最主要的原因"，也可以说是根本原因。其他几个原因自然就是"次要原因"。总之，教师在讲授和解答有关历史事件原因方面的问题时，一定不能教条和死板，不能公式化地去看待历史事件，而要根据历史唯物主义观点和矛盾分析方法仔细研究和分析历史事件的原因是哪种类型，然后再联系具体历史事件的实际去分析，这样解释才更恰当、更合理、更有说服力，也只有这样，学生才能正确地辨析历史事件发生的原因。

历史学科核心素养之时空观的培养

广东省梅州市梅江区梅州中学　文新梅

历史学科核心素养包括时空观念、史料实证、历史理解、历史解释、历史价值观。对于历史学科而言，时空观念的培养，不管是对历史学习还是历史研究来说都是最基本的。强化学生历史学科核心素养的时空观，不仅有利于提高学生学业水平和发散思维，还有利于提高教师的教学效率，促进教师的专业发展。历史课堂教学时空观念的培养，应从以下三个方面做起。

一、把握整体

历史史实占据历史叙述的主体，对历史史实的整体把握，有助于提高学生的学习兴趣，活跃课堂氛围。历史史实可以通过时序性和空间的转换形成一个整体。例如，针对"国共十年对峙"这一历史史实，教师在教学中可采用图文结合的形式。从1927年国民党发动的"四·一二""七·一五"反革命政变，共产党做出回应的"三大起义"（1927年8月1日的南昌起义、1927年9月的秋收起义、1927年12月的广州起义），1930—1935年国民党的五次"围剿"、1935年华北事变民族矛盾上升为中国社会的主要矛盾，到1936年10月红一、红二、红四方面军在甘肃会宁会师，1936年西安事变，1937年卢沟桥事变，教师可以通过坐标轴的形式逐一和学生一起回忆，也可在本节课的地图册上逐一标注，让学生对国共两党十年的对峙从开始、发展、高潮到随着日本帝国主义的侵略以及国内矛盾的转换等有一个整体的认识，从而更容易把握教材的整体性。

教师在讲解的时候，按照时序性和空间的转换为线索能很好地培养学生的时空观念，让学生领悟在任何条件下民族利益永远是放在第一位的，这样做不仅培养了学生的时空观，也间接培养了学生的家国情怀。这种把编进时间轴的史实以阶段分类再有机整合，把零散知识点串成知识链结成知识网的学习方式，能够使历史知识的学习不至于因为死记硬背而成为负担。教师根据历史事件多角度搭建的历史网络会使学生在大脑中会形成系统，从而为学生历史理解和历史思维的培养做好准备。

二、强化训练

对学生历史学科时空观念的培养，最重要也是最有效的方式就是强化训练，教师可以通过例题的形式教会学生把握时空观念。例如，在"唐朝手工业"的选择题中，有一个选项为"唐朝手工业占主体"，这是明显不符合事实的错误性论断，因为手工业占主体是在明朝以后，这时就需要教师以图表的形式帮助学生按时间顺序回忆各个时期手工业、商业发展的概况。

历史是一门人文学科，我们在论及任何历史事件和历史现象时，首先都要去界定它所发生的时间段落和空间范围。为了强化学生的时空观，在一定条件下，教师有必要将历史学科与地理学科结合起来。地理环境是影响人类发展的重要因素，人类要从新的角度研究历史的变迁与发展。故而，在做题时，教师有必要让学生分析历史事件发生时所处的地理状况，使学生能识别历史地图中的相关信息并将其与历史史实相联系，对涉及地理位置的历史知识教师要进行拓展，将深层次探究历史与地理空间的创新结合。

三、培养"三位一体"的学习习惯

何谓三位一体？笔者将其总结为对某一年代特定的历史事件、历史现象和历史原因的分析中强调"时、事、势"三点的把握。那么如何培养这一学习习惯呢？本人建议应做好以下两点。

1. 抓住重点，讲练结合

教师应对本节课、本单元的重难点有一个整体、熟练的把握。在教学时，充分利用类似历史地图册方面的工具书，注意培养学生解读地图的方法和从历史地图中提取有效信息的能力。比如，在历史战争的学习中，教师经常会用到历史地图来讲解战争形势，教师可以先让学生根据自己的理解去介绍地图信息，之后再向学生介绍正确认识地图的方法，根据课本知识结合地图深层次剖析，将知识具体化，甚至可以结合高考题，做专题式的讲解。长此以往，学生能够认识到历史地图的重要性，并且能够将历史知识与地理知识融会贯通，多学科发展。

2. 注意比较，得出规律

结合历史大事年表和学生写的每课提纲，教师可以从刚开始尝试引导学生以横向或纵向的方式回忆，到后来对某一年代的史实掌握可从国内拓展到国外，从政治扩展到经济、文化拓展等。长此以往，学生可以形成一种学习历史的习惯。需要注意的是，梳理大事年表除了要发挥理清事件脉络的功能，更重要的是让学生在时间轴或大事年表中找出相近时间段里发生的主要历史事件，引导学生探究这些事件的关联之处，明白史实发生的背景或原因，感受史实的影响和意义。这种方式不仅可以帮学生理清纵向历史发展演变的过程，还可以帮助学生明了历史的横向联系，了解同一历史时期不同空间中各地的历史有何不同，进而能主动探索造成差异的原因，在无形中帮助学生重构了一个历史时空框架，加深了学生对历史事件重大意义的理解，拓展了学生的历史思维，强化了学生的时空观念。

四、结 语

历史学科核心素养培养中，时空观念是前提，史料实证是手段。历史时空观念是相互联系的统一整体，培养学生时序观念和空间观念的目标是形成综合的时空观念。因此在具体教学过程中，教师要注意二者的有机结合。具体而言，历史时空观念素养的培养可实施以下有效策略：关注历史时空知识的补缺与学法指导，为时空观念做铺垫；注意历史阶段特征与学生主动性的发挥，增强历史事件的敏感度；善于将历史、地理学科进行创新结合，加深历史空间观念；综合专题教学与通史教学的优势，纵横搭建历史网络；有效发挥历史地图教学的双重作用，综合强化历史时空观念。

当然，研究如何更好地培养学生的时空观念素养，更需要教师革新教育测量和评价方式，不断地发现问题、解决问题。无论是对学生还是对历史教学改革，这样做都能获益良多。

▶ **参考文献**

[1] 陈超.历史学科核心素养的构成与培养［J］.福建教育学院学报，
2006（1）.

[2] 马执斌.注重时序是历史学科的特点［J］.中学历史教学，2008（9）.

[3] 曾红群.历史学科核心素养"时空观念"的定位与运用［J］.长春教育
学院学报，2017（5）.

[4] 袁婕.历史学科核心素养之时空观念的培养及策略［D］.温州：温州大
学，2017.

灵动地理

优化复习策略助力艺考生地理高考

广东省梅州市梅江区梅州中学　张政航

一、洞察模块考察变化，及时调整复习策略

近几年，全国卷地理试题在新课改的要求下，不断考查考生的地理核心素养。因为核心素养（区域认知、综合思维、地理实践、人地观念）是最能体现地理学科价值的关键因素。

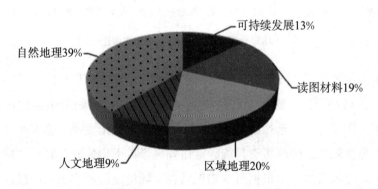

2016年全国 I 卷各模块考查分值占比

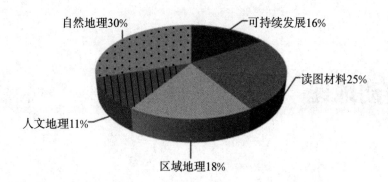

2017年全国Ⅰ卷各模块考查分值占比

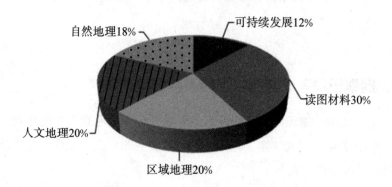

2018年全国Ⅰ卷各模块考查分值占比

从近三年来看，全国Ⅰ卷地理试题越来越接地气，具体表现为：

其一，材料题包括选择题在选材上越来越趋向选取贴近生活的试题，如在2018年全国Ⅰ卷中的选择题第十题：小明若从重庆出发乘长途客车经遵义至毕节，为免受阳光长时间照射且能欣赏窗外风景以下出发时间和座位较好的是（　　）。这就需要考生根据所学知识结合实际情况帮助小明选择最佳出发时间和最佳座位。

其二，选材上越来越趋向选取贴近时事的试题，如2016年全国Ⅰ卷中的选择题第一题：与景德镇相比，20世纪80年代佛山瓷业迅速发展的主要原因是（　　）。

其三，材料中更多的是一些新概念，注重从当今我国的伟大建设成就、生活中有用的地理两个主要方面选取素材，如2018年全国Ⅰ卷中的综合题第三十六题中谈及俄能源合作重大项目——亚马尔液化天然气项目正式投产。该项目集天然气勘探开采、液化、运输、销售于一体，是中国提出"一带一路"倡议后实施的首个海外特大型项目。题目要求考生根据材料指出在该项目合作中体现的中俄两国各自的优势。不难看出，在全国卷试题中，比较难的自然地理部分考查的比重在减少，并且考查的难度也降低了，考查的重点放在了人文地理和区域地理这两个方面。

针对高考试题考查的难度与重点发生的变化，艺考生复习的策略也应随之调整。

1. 调整模块复习顺序

按照以往的复习惯例，艺考生与普通考生复习的顺序相差无几，都是从必修一自然地理开始复习，接着复习必修二人文地理，然后复习必修三区域地理，最后复习选修模块。为了适应高考的新变化，再结合艺考生的实际情况，本着从易到难的原则，调整模块复习顺序可以收到事半功倍的效果。调整后的复习顺序为从选修模块（旅游地理、环境保护）开始，接着复习必修二人文地理，然后复习必修三区域地理，最后复习必修一自然地理。

对于绝大部分艺考生来说，选修部分（旅游地理、环境保护）的内容与其他模块的内在联系相对而言没有那么紧密，他们可以用较短的时间掌握较多的知识；而人文地理的内容较自然地理来说更易理解，所以人文地理的得分率比自然地理的得分率高。教师引导学生把选修部分和人文地理模块的复习放在复习的前期，既能树立艺考生的信心，又能使他们获得较高的分数。

2. 梳理知识脉络

艺考生在高三时期复习的时间比普通考生短，他们若想在短时间内取得较好的复习效果，在复习过程中可以利用思维导图对知识脉络进行梳理。例如，在人文地理模块中工业区位、区域工业化与产业转移的专题复习中，若采用知识思维导图进行知识脉络的梳理，若既能明确工业专题的重难点，又能清晰地发现自己相应的知识盲区，以便进行有针对性与时效性的复习。

例如，2016年全国Ⅰ卷中的综合题第三十六题要求考生分析横县县城集聚众多茉莉花茶厂的原因。该题以我国广西横县地理位置和茉莉花种植为背景材料，从地域认知到人类活动，从农业生产到工业生产，设问细致灵活，层层递进，注重考查学生地理思维过程与探究问题的能力。通过对工业生产的知识梳理，考生可以发现设问重点是考查横县聚集众多茶厂的区位优势条件，便可从茶源、交通等基础设施入手进行分析。

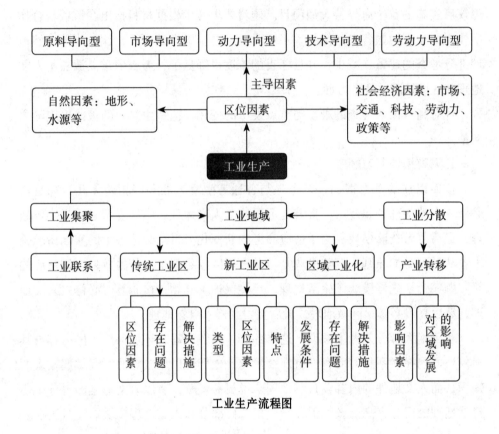

工业生产流程图

二、强化解题技能，减少非智力因素失分

（一）选择题的答题方法

1. 审题干，找关键词，看表述

近年来，地理的选择题从信息来源的重要性来说，题干里的信息是最重要的，然后是材料里的信息，最后才是考生在课堂上听老师讲过的东西以及刷过的海量题目。故在答题过程中，学生应该先认真审题干，找出题干中的关键词，看清楚题干表述的内容。例如，2018年全国Ⅱ卷中的选择题第七题是"推测红旗常年飘扬的主要方向"，考生很容易在直接判断风向后直接选择方向，

结果白白丢分。

2. 识破题目埋伏，找出有效信息

高考题的每一道题目都是精心设计的，材料给出的每一句话、图中的每一个数据都一定是有用的信息。这时候就需要考生认真审题干，并和图相结合，在解答每一道题时都要对应题干去材料中找到有效信息，进行解答。

3. 总体把握，前后对应

近年来的全国卷中的选择题一般是四则材料，每则材料都会设置二至三道题目。在解题过程中，学生不要急于按照题号顺序解答，因为往往后续的问题能给前面的问题提供有用的解题提示。正确的解题方式应该是将材料中所涵盖的所有题目进行总体把握，了解各题目之间的对应关系后再进行解答。

（二）综合题的答题方法

1. 认真审题审图

综合题的解题关键也在于认真审题审图，题目给出的材料和图基本上就是答题的范围。审文字题时要特别注意条件、中心词、关键的修饰语。审图时要注意看清图中所有信息，包括给出的山脉、河流、周围的国家地区、经纬度、图例等，图中的这些信息很可能就隐藏着某道题应答出的知识点。

2. 全方位、多角度思考

地理中的每一种地理现象或事物的形成都是多方面的因素共同造就的。当然，它的影响、作用等也是多方面的，这就要求考生在答题过程中从表面逐渐向深层次进行挖掘，在答题过程中按照主次，将重要的知识点写在前面。

3. 应用专业术语，分点陈述

根据目前高考试卷的评分标准，考生在组织答案的时候，一定要条理清楚，根据分值进行分条陈述，一个知识点一条陈述，重点突出、简洁明了、字迹工整。还要注意在答题时一定要用地理专业术语将答案阐述清楚，关键词一定要点明。

艺考生进行地理课复习时有针对其特有的方法：复习时不需要面面俱到，标准不宜制订得太高，且复习时间不宜过短。

笔者希望可以通过优化地理专题模块，调整课程复习顺序，强化解题技能，助力艺考生高考复习。

核心素养背景下的地理研学实践研究

——以梅州市梅县区农业研学旅行活动为例

广东省梅州市梅江区梅州中学　曾佳敏

《普通高中地理课程标准（2017年版）》要求创新培养学生地理学科核心素养的学习方式，根据学生核心素养培养和形成过程的要求与特点，引导学生通过自主、合作、探究等学习方式，在自然、社会、生活等情境中开展丰富的地理实践活动，促进人地协调观、综合思维、区域认知和地理实践力等地理学科核心素养的形成。

地理学科既是一门综合性学科，兼有自然科学与人文科学的性质，又是一门实践性、开放性、地域性极强的学科。研学旅行是行走在路上的"活"课堂。地理知识的获得，不仅需要依赖传统课堂所学，更需要走出课堂，从自然、社会和生活中去探索、感悟、求知、印证，运用所学地理知识去分析区域特征，解决区域地理问题。教师可以组织学生通过集体旅行的方式走出校园，进行观察、体验、实践、调查等活动，以增加学生对家乡、对自然、对社会的了解，使学生逐步形成从实际出发的科学精神和科学态度，达到培养学生地理学科核心素养的目的。

从地理学科的逻辑来看，农业是自然地理环境基础上的人文经济活动之一，也是与自然环境联系最紧密的产业活动。农业地理涉及自然与人文多个方面。农业地理课程要注重与实际相结合，以可持续发展为指导思想，以人地关系为主线，运用农业区位选择的原理去思考区域农业的分布与可持续发展。对农业生产的关注，是中学地理学科教学服务科学、服务社会的表现。农业研学旅行体现了地理学科与生活的融合。设计农业研学旅行活动有助于提高学生学习地理的兴趣，改变了以往培养学生的模式，培养符合学生终身发展和社会发展需要的必备品格和关键能力。

一、梅州市梅县区农业研学旅行活动设计

1. 活动课前任务

首先要了解区域背景。梅州市属于粤东北山区，素有"八山一水一分田"之称，农业在其经济发展中发挥着举足轻重的作用。梅州市重视农业发展，实行绿色发展战略，着力推动本区绿色农业、生态农业、观光农业等的发展。学校所选的实践地点梅县区雁洋镇离市区近，交通便利，教师可以利用乡土地理资源作为研学资源，激发学生对家乡的热爱之情、自豪之感。

教师可以准备梅县区雁洋镇长教村的相关图片（长教村政区图、长教村等高线地形图、长教村人口分布图、长教村茶园分布图等），将学生分为8组，每组4~5人，小组成员根据给出的4幅图，分析当地主要农作物在图中的布局。每组选择一种农作物（水稻、玉米、甘蔗、花生、茶树等），分析其在选取点布局的原因。这个课前小任务可培养学生的读图能力、区域认知能力和综合思维能力。

2. 活动实践过程

研学过程是从市区乘车前往雁洋镇长教村。在坐车途中，教师可抛出一个问题："如果想在途中不晒太阳，我们去的时候应该坐在大巴车的哪一排座位？回来的时候应该坐在哪一排座位？"学生可以通过手中地图，考虑去雁洋镇的方向，结合太阳方位，得出结论。到达长教村后，学生将在四个地点依次进行实地考察。

实地考察长教村四个地点

研学地点	研学内容	研学目的
雁洋镇长教村农业种植区	（1）实地体验种植水稻的过程——插秧（插秧比赛，每组派代表进行），并访谈当地村民了解水稻的种植全过程。（2）通过实地考察，分析课前自己小组所选取的农作物在当地的布局是否与理论相同，并用拍照片的形式记录和分析影响其在当地分布的区位因素	（1）通过实地体验种植过程，增加对水稻种植过程的了解，培养学生的地理实践力。从插秧的辛苦劳作中，深刻理解粮食和土地的珍贵。（地理实践力）（2）通过分析影响农作物分布的区位因素，让学生学以致用，判断现实生活中的农业布局是否合理，让学生对区位选择有深刻的理解。（综合思维）

续　表

研学地点	研学内容	研学目的
雁洋镇长教村岗上亭水库	（1）通过与水库工作人员交流，了解水库的库容量是多少，可蓄水是多少，每年的几月份蓄水和放水，灌溉农田的面积有多少公顷。 （2）参观水库和配套修建的农田水利设施，思考水库和农田水利设施对当地农业（季风水田农业等）发展的影响	（1）在与当地工作人员的交流与参观当地农田水利设施的过程中，增强学生对区域的认识。（区域认知） （2）分析水库和农田水利设施对当地农业发展的影响，需要结合雁洋镇的自然地理知识和访谈内容，如当地气候与水库蓄水、放水时间的关系，培养学生各方面的能力。（区域认知、综合思维）
雁洋镇长教村雁南飞茶田度假村	（1）当地丘陵开垦为梯田种植农作物，这是否会产生生态环境问题？ （2）判断雁南飞茶树布局的影响因素。分析课前小组对长教村茶树的选址与实际布局范围是否相同，并分析原因。 （3）参观当地茶农"采青——萎凋——发酵——炒茶——揉捻——干燥—初制茶"的茶叶制作流程，并品尝用当地茶农制的茶叶泡出的茶。查阅雁南飞茶田每年茶叶的销售量，思考雁南飞茶叶未来的发展方向	（1）通过对当地开垦行为带来的影响的分析，让学生学会用辩证的思维看待问题。（人地协调观、综合思维） （2）了解农作物（茶树）的布局原则，让学生对茶树的区位选择进行全面的了解。（区域认知） （3）通过比较理论和现实中茶树的布局，提高学生的比较思维和综合分析能力。在与茶农的泡茶交谈和查阅资料过程中，提升学生的沟通合作能力。（地理实践力、综合思维）
雁洋镇长教村金柚果园及丙村镇广东富柚生物科技公司	（1）分析影响柚子树布局的因素。分析课前小组对柚子树的选址与实际分布有何差异。 （2）通过对柚农的访谈，了解梅州柚子的品质、销售情况、销售区域，为什么政府不允许柚子过早上市，而统一时间进行采摘？柚子采摘时节是否有很多城市居民过来采摘？ （3）参观广东富柚生物科技公司，了解梅州"金柚"品牌的建立以及全世界对梅州"金柚"的认可程度，目前梅州"金柚"深加工的产品有哪些，（金柚一号、金柚宝等）产品主要销往哪里，梅州"金柚"的发展有什么优势及限制条件，并提出其未来发展的建议	（1）了解柚子树的布局原则，让学生对果树的布局选址及生态农业、观光农业有更深的了解。通过与果农交流，提高学生的实践能力。（地理实践力） （2）通过对梅州"金柚"发展的优劣条件进行分析，并思考农产品的深加工等农业发展方向问题，提高学生综合分析问题的能力。（综合思维）

二、梅州市梅县区农业研学旅行活动评价

研学活动可用结构性评价和表现性评价两种方式进行评价。表现性评价不仅关注学生在认知、学习、记忆等方面的学习效果，还要关注学生在学习过程当中表现出的非认知因素，如信息收集能力、沟通合作能力、创新能力、解决问题的能力等。研学活动后期可进行研学成果汇报，汇报可以形式多样，小组可以自选调查报告、对比研究、摄影展、感悟体验的文章去表达研学所见、所感、所学。评价学生的研学成果，可参照以下表格：

评价学生的研学成果表格

评价方式	评分要素	分值（分）	学生自评分数	学生互评分数	教师评价分数
思维结构评价	有无纵向或横向结构思维论证	10			
	对地理事物或地理问题有无完整的认识过程	10			
表现性评价	学会收集数据并对收集的数据进行加工	10			
	对农业区位因素分析的准确性	10			
	能用区域比较法、区域联系法认识地理事物	10			
	对区域农业发展提供可操作性的建议	10			
	研学报告表达的清晰性、准确性与创新性	10			
	积极主动参与研学过程，合作意识强	10			
	增强对自然、社会及家乡的热爱	5			
	增强了可持续发展观念，激发了环保意识	5			
	小组成员展示研学成果	10			

《普通高中地理课程标准（2017年版）》在"教学与评价建议"中倡导学生自评、互评与教师评价等多种评价方式相结合。雁洋镇农业研学旅行活动的

评价中也引入学生自评、互评与教师评价相结合的方式，考虑到学生对评分要素的理解程度不同及带有个人情感因素的评分，故学生自评与互评各占20%，教师评价占60%。

本次农业研学活动的设计与实践是培养学生地理核心素养的良好载体，也是一次新的尝试。教材中关于农业的知识具有系统性和逻辑性，但缺乏理论与当地实践的联系性。农业研学旅行的开展，让学生走出校园，拥抱自然，并在乡土地理的学习实践中将农业地理知识具体化、生活化、趣味化，有利于提高学生的区域认知能力、综合思维能力、地理实践力和人地协调观。研学活动的组织与开展，也有利于学生体验研究问题的乐趣，体验人与自然的和谐，从课本走向自然，从理论走向实践，从关注知识走向关注乡土、关注人类，给学生带来了全局性的思考，并提供了满足其求知欲的新天地。

▶ 参考文献

中华人民共和国教育部.普通高中地理课程标准（2017年版）［M］.北京：人民教育出版社，2018.

高中生地理综合思维能力培养策略初探

广东省梅州市梅江区梅州中学　林达欣

教育部发布的《普通高中政治课程标准（2017年版）》中首次明确提出了学科核心素养的概念，并将其作为课程实施和教学改革的总纲和方向。《普通高中地理课程标准（2017年版）》明确界定了普通高中地理学科核心素养，并将综合思维能力归为四大核心素养之一。综合思维作为地理学科最为基础的思维方法，是指学生全面、系统、动态地认识地理知识的思维品质和能力。广大高中地理教师非常重视对学生综合思维能力的培养，并借助各种教学手段来促进学生综合思维能力的提升，最终使学生的地理学科核心素养得以发展。

一、对地理综合思维能力的概念解读

思维的基本过程是分析和综合，其是人脑对客观事物的一般特征和规律性的一种概括的、间接的反应过程。具体而言，我们可以从以下几个方面进一步认识和理解地理综合思维：第一，地理综合思维强调将地理事物各要素，如概念、成因以及特征联结成一个整体，进行系统学习与研究；第二，地理综合思维不仅要求综合研究问题，同时强调应进行多角度分析；第三，地理综合思维主要涉及要素、时空和区域综合这三个维度。应该说，培养学生形成良好的综合思维能力可以帮助学生有效分析和研究地理问题和现象，深刻掌握地理规律和人地关系，进而实现地理知识的融会贯通，实现学生地理知识的有效迁移与运用。

二、学生地理综合思维能力的培养原则

1. 综合性原则

地理学科是一门研究地理环境中各个要素及其相互关系的学科，这就使得地理学科具有鲜明的综合性特征。另外，地理综合思维强调将地理事物各要素如概念、成因以及特征联结成一个整体进行系统学习与研究，这就使综合思维本身也具有综合性的特点。因此，在培养学生地理综合思维能力时，教师必须遵循地理学科和综合思维的性质特点，坚持综合性原则。

2. 区域性原则

区域原本就是一个地理空间概念，每一个具体的区域所处的地理位置不尽相同，这就使得每个区域具有自己的特征。同时，不同区域之间存在着不同程度的联系和协作，这就使得区域性成为地理学的主要特点之一，这也是培养学生地理综合思维能力应该坚持的普遍性原则。

3. 发展性原则

地理事物和现象在不同的时空维度下是不断发生、发展、演化着的，这就要求学生必须以发展的眼光来学习和研究地理问题，系统分析、观察和预测地理事物和现象的动态发展。学生综合思维能力的培养需要在地理学习过程中开展，是在对地理事物和现象时空发展变化的探究过程中实现的，这就要求其应该遵循发展性原则。

三、高中生地理综合思维能力培养策略

1. 厘清知识脉络，培养逻辑思维

虽然地理知识体系复杂多样，但是其具有很强的逻辑性，这就要求教师在综合思维能力培养过程中开展逻辑推理教学，进而有效培养学生的逻辑思维能力。高中地理教学内容相对错综复杂，教师应注意引导学生对教学内容进行梳理和整合，帮助学生厘清知识脉络，使学生在实际操作中得以形成逻辑思维，使学生有效掌握及运用地理知识，促进自身地理综合思维素养的形成。教师在引导学生厘清知识脉络的同时，应给予其具体的操作方向或者行动路线，以便帮助学生顺利进行梳理和整合。

2. 构建识图技巧，培养发散思维

地图是学生学习地理知识、掌握地理规律的重要工具，通过认识地图上的各种地理标志，学生借助发散思维得以在自己的脑海中形成具体图片，进而更好地促进地理综合思维能力的提升。对此，在对高中生地理综合思维能力培养的过程中，教师应注重开展读图教学，教会学生掌握识图技巧，使学生可以独立看图，并以图表为学习切入点开展高中地理知识探究，从而培养学生的地理综合思维素养。

3. 开展比较教学，培养联想思维

地理综合思维强调将地理事物各要素联结成一个整体进行系统学习与研究，这就要求教师在高中生地理综合思维能力培养的过程中，重视培养学生的联想思维，进而使学生加深对地理知识之间的联系认知和理解，从而使学生的认知领域得以构建起动态化的地理知识网络体系。

4. 注重多媒体助学，培养形象思维

多媒体技术的普及应用为学生提供了更多的直观学习机会。对此，教师应改变传统教学理念，借助多媒体创新教学方法，利用多媒体技术为学生创设一个直观形象的教学情境，将地理知识直观地展示出来，从而更好地培养学生的形象思维，为高中生地理综合思维能力的培养带来更多帮助。

5. 挖掘隐性因素，培养发展思维

所谓地理隐性因素，通常是指地理学习过程中涉及的相关因素，而这些隐性因素通常会超出地理学科的知识范畴。在学生地理综合思维培养的过程中，教师应通过多元化、扩散性思维开展教学，引导学生借助其他学科知识助力地理学习，这不仅可以培养学生的发展思维，而且可以提升学生地理综合思维的实践能力。

综上所述，培养高中生地理综合思维素质已经成为新形势下广大高中地理教师的重要任务。对此，教师应从学科核心素养出发，注重培养学生的逻辑思维、发散思维、联想思维、形象思维、发展思维，进而不断提升学生的地理综合思维能力，最终促进学生地理学科核心素养的发展。

▶ 参考文献

［1］杨智.基于核心素养下高中地理综合思维的培养研究［J］.新课程导学，2018（8）：48.

［2］王春霞.加强高中地理教学培养学生综合思维能力撼探［J］.成才之路，2019（4）：36.

［3］王成娇.浅析高中地理教学中综合思维能力培养［J］.当代教研论丛，2018（6）：76-78.

［4］卢娟.也谈地理核心素养中的综合思维培养：以高中地理课堂教学为例［J］.内蒙古教育，2018（2）：49-50.

明动化学

适合的微课让化学助学困生走出困境

广东省梅州市梅江区梅州中学 阙建志

一、问题的提出

在网络Web2.0的时代，随着信息与通信技术的快速发展，与当前广泛应用的众多社会性工具及软件（如博客、微博、Facebook、Youku等）一样，微课也将具有十分广阔的教育应用前景。

对教师而言，微课将革新传统的教学与教研方式，突破教师传统的听评课模式，教师的电子备课、课堂教学和课后反思的资源应用将更具有针对性和实效性。基于微课资源库的校本研修、区域网络教研将大有作为，并成为教师专业成长的重要途径之一。

为深入贯彻落实《教育信息化十年发展规划（2011—2020年）》，扎实推进信息技术与教育的深度融合，探索微课在课堂教与学创新应用中的有效模式和方法，挖掘和推广各地区的典型案例和先进经验，推动教育信息技术创新应用和促进教育均衡发展，教育部教育管理信息中心定于2014年9月1日至2017年8月31日开展"基于微课的翻转课堂教学模式创新应用研究"的课题，由中国教育发展战略学会教育信息化专业委员会承担具体研究组织工作。

"学习困难的学生"简称"学困生"，一般是指当前学习中存在仅靠自己一时难以完成必要的学习任务，需要通过有针对性的教育教学措施，给予补偿和矫治的学生。

国外对学困生的研究已经有两百多年的历史了，比较有代表性的研究有苏霍姆林斯基"矫治"难教儿童的理论和实践、赞科夫关于转化"后进生"的理论及美国的快速教学方案等。

我国对学困生的研究起步较晚，始于20世纪80年代，尤其自1986年实施《中华人民共和国义务教育法》以来，中小学生的学习困难问题逐步得到重视，政府、社会、家庭、教师、学生等方面，对解决这一问题的要求日益迫切。学困生是现代教育特别是中学教学活动过程中面临的重要课题，如何减少学困生，转化学困生进而提高整体教学质量，就显得尤其重要。

在中学化学教学活动中，由于种种原因产生了一些所谓的化学学困生。调查发现，这部分学生的智力正常，但学习化学相当困难，从而导致学习成绩较差。

根据笔者对我校高中学生化学成绩的调查发现，学生刚升入高一时，化学成绩差距不大，但是经过一个学期的学习，化学成绩分化较大；学段越高，学生化学成绩的分化现象越严重，学困生的比例越高，以我校2017届高三第一次月考的统计数据为例。

月考统计数据表

参考人数	70分以上	60分以上	43分以下
629人	95人	197人	212人

我校规定：本科达标分43分以下为学困生，其比例占到了33.7%。这是一个令人吃惊的数字，分析原因主要可以归纳为以下三点：

（1）从学生的角度来看，我校高三化学的学困生主要有以下几个特点：

①学习化学的兴趣低；

②原有的化学基础薄弱；

③努力程度低；

④学习习惯和学习方法不得当；

⑤缺乏自信心。

（2）从教材的角度来看，高中化学教材比初中教材的知识量要多，理论性、系统性、综合性均增强，导致学生学习化学困难。

（3）从教师的角度来看，高三的化学复习每个课时的内容多，绝大部分教师为了完成教学任务采取传统的"填鸭式"的教学方法，能力较弱的学生在正常的课堂教学中难以跟上教师教学的步伐，成绩毫无起色。

虽然我们处于全面推进素质教育的时代，但高考仍是中国选拔人才的主要途径。故让化学学困生走出化学学习的困境，提高他们高考的理综成绩，为我们的社会培养出更多优秀的人才，提高国民素质，这是刻不容缓的事。

案例：2016届高三（13）班学生邹同学第一次月考的化学成绩只有29分，考后该生反思说自己升高中时化学成绩为93分，并说有信心将化学成绩提高。笔者给了他一本《小题狂做》，让他把一个个小知识点过关，然后慢慢转向大题练习，并加强对小知识点的归纳和总结。第二学期其各次大型考试成绩如下表。

考试成绩表

项目	省适应性考	市一检	广一模	广二模	市二检
化学成绩	43	51	55	68	72
理综成绩	144	159	160	173	186

从以上案例我们可以获得一些启示：小专题复习方法是提高学生化学成绩的一种行之有效的方法。它对于帮助学困生巩固化学基础知识、构建化学知识体系、提高学生的解题能力具有重要的作用。

根据上述情况，本校化学组成立课题研究小组，于2016年冬由课题组成员温伟新老师向市教育局申报课题"应用化学小专题，让'学困生'走出困境"。课题组对课题研究不断深入，选择适合本校化学学困生实际的小专题对学生进行辅导，取得明显效果，但仍有部分接受能力较差的学困生表现不理想。基于微课的优点，课题组将小专题制作成微课，让学生重复学习，这样效果更加明显。

二、研究合适微课的基本内容以及重点、难点

合适微课主要研究的内容就是构建适合我校化学学困生的微课。

第一，微课设置的内容主要是已经在正常课堂教学中复习过的内容，从高考常考内容出发。针对学困生在平时考试中出现的常错点，教师可以通过微课对知识点的重现、变式和对化学知识网络的构建，让学困生能在每次化

学考试中的成绩都能有所提高，为他们重拾学习化学的信心。因此学困生便可以很快地投入这个走出困境的过程。

第二，微课的难度应该是适合学困生实际的。教师要将微课教学建立在他们能力的上限上，让他们"跳一跳能摘到桃子"。

第三，微课的设计是将大题拆分成与所复习内容相关的小题，降低题目的难度和综合性的同时，培养学困生的能力，让他们在中低档题中尽量拿分。

第四，建立师生微信交流群，将微课发布在"微信交流群中"，让学生重复学习，同时扩大师生交流的空间。

第五，建立微信公众号，让更多的学生学习适合的微课。

1. 合适微课研究的重点

（1）每次微课辅导的内容的设置必须是高考常考点、学生易错点，突出基础核心，减少深化拓展。

（2）针对不同层次的学困生，题目设置的难度应该有所不同。

（3）教师在微课辅导中的教学方法必须符合学困生实际。

（4）学困生通常会出现学习恒心不够，教师制作出的微课要有较好的吸引力。例如，化学实验微课可采用由学生实验操作视频进行找错等方式。

（5）学困生通常会出现学习自觉性不强的问题，如何控制学生利用电子设备学习微课就是教师努力的方向。

2. 合适微课研究的难点

（1）如何从教材和资料中挖掘出有效的、比较符合每个学困生实际的知识点，这一点教师较难把握。

（2）因为高三学生的学习时间相当紧凑，学困生对于微课的复习时间有限，如何使得微课的教学变得更有针对性是教师在教学理论、教学能力方面将面临新挑战。

（3）学困生的情绪控制能力较弱，容易受到成绩、学校、家庭等因素的影响或缺乏吃苦钻研精神而无法坚持努力学习，这就需要辅导教师及时关注和疏导，这就要求化学教师同时是心理学教师。

三、研究微课的思路与方法

笔者利用奥苏贝尔的"认知同化论"和加涅的"认知——指导说"作为本

课题研究的基本思路，确定以下研究模式。

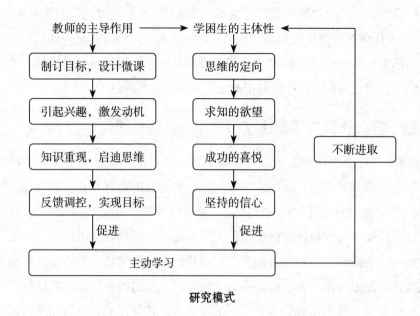

研究模式

（1）在学校的支持下，教师可以利用每周六下午的自习课时间，为化学学困生特别开设微课教学，然后将微课发布在微信交流群上，让学生有选择地重温微课。在保持教学要求与教学进度基本一致的前提下，根据不同学生的个体差异，以不同的深度来教同一内容。

（2）在确定微课复习内容后，认真审视课堂内容和思考课堂教学方法，注意对基础知识的把握，课堂容量不宜多，难度系数应该建立在学困生的"最近发展区"之上。在整个教学过程中，教师都要反复思考这样的问题：通过这个微课，我希望学生学到什么、理解什么、能够做什么。

（3）微课课堂的教学内容应紧扣高考常考点，所选的题目应比平时正常的教学相对简单一点。这样，学困生将会感受到原来学习化学也没那么困难，从而产生求知的欲望，激发自身学习化学的兴趣，产生了内驱力。

（4）微课的课堂教学内容要注意对所复习过的知识和易错点的重现，启迪学困生的思维，达到"温故而知新"的目的。教师要帮助学困生理解常考、易错的知识点，尽量减少错误，提高成绩。

（5）微课的教学之初，教师可将大题拆分成与教学内容相关的小题，降低题目的难度和综合性，让学困生的学习循序渐进；到后半期时，可将题目的难度、综合性慢慢提高，把"小题变大题"，慢慢提高学困生学习化学的能力，培养他们的钻研能力和思维能力，也可以让他们感受"会做题"的快乐。

（6）任课教师要适时追踪其班上的学困生的考试情况，只要成绩有一点点提高，都要给予他们及时的鼓励；若成绩没有起色，便要做好其思想工作，帮助他们寻找问题所在，帮助他们勇敢地面对问题，解决问题。

四、合适微课为学困生学习提供良好的环境

（1）合适微课研究发展出了移动学习、远程学习、在线学习、"泛在学习"等新型学习方式，让学生的学习时间、空间及内容有其自主选择性。如广东省教育发展"十三五"规划任务之一是积极发展"互联网+教育"，以"粤教云"为总抓手，加强教育信息化的统筹规划和顶层设计。以深化"三通"工程为重点，加强教育信息化基础支撑能力建设。应用信息技术扩大优质教育资源覆盖面，建成国家、省、市、县和学校互联互通的教育资源公共服务平台。以信息技术为支撑点促进教学方式、学习方式、评价方式和教研方式转变，促进学生全面、个性发展。构建全省教育数据服务中心，建立基于大数据的教育管理决策信息化支持体系。

（2）利用微信师生交流群，让学困生得到更多学习微课的机会，同时在师生交流中进一步掌握学生对微课的理解。改变专题辅导不可重复的缺点，关注学困生每一个细微的变化，从小处着手，创建一个真正属于学生自己的课堂。

（3）采用微信公众号发布微课，让更多的学生在不同时间、不同地点，选择适合自己的微课进行学习。微课能更好地满足学生对不同层次知识点的个性化学习，学生可以按需选择学习。微课既可查漏补缺又能强化巩固知识，是传统课堂学习的一种重要补充和拓展资源。随着手持移动数码产品和无线网络的普及，基于微课的移动学习、远程学习、在线学习、"泛在学习"将会越来越普及，微课必将成为一种新型的教学模式和学习方式。它更是一种可以让学生自主学习，进行探究性学习的平台。

五、合适微课研究的意义与思考

课题成员可以通过研究设计出适合本校化学学困生辅导的系列微课，并利用微信师生交流群，及时发现问题进行改正、完善与补充，还可以在微信公众

号上发布学生知识掌握存在问题的微课，让更多学生在不同时间、不同地点，选择适合自己的微课进行学习。课题成员在微课设计与辅导中进一步上升到教育教学理论探究的高度，并为之撰写论文和实用指导书。在研究与试验中，可获得的社会效益有：

（1）对学困生的价值。微课学习与训练能够帮助学困生打通知识脉络，深化知识间的联系，从而强化化学学科的知识体系。开展微课教学，唤醒了学困生久违的求知欲望和进取心。他们不再是"遇题便空白的学生"，伴随着化学成绩的提高，他们感受到了周围人（家长、同学等）对他们的目光的转变，从中找到了学习的乐趣，找回了自信，有利于带动其他学科学习的积极性，为圆自己的大学梦而不断努力，从而促进了学困生的自我完善和个性的发展。

（2）对教师的价值。教师通过微课的设计与辅导，体会教学相长的过程，不断锤炼自己的教学功底，提高自己的课堂应变能力，这也是促进我们教师专业发展的一个非常有效的途径。

（3）对学校、社会的价值。我校高三的化学学困生不少，他们的化学成绩提高了，必然带动其理综成绩的提高。学困生走出了困境，其学习热情必然高涨，那么我校将会有更多的学生考上本科，将会向高等学府输送更多高质量的学生，让学困生也有接受高等教育的机会，为社会培养出更多优秀的人才，提高国民整体素质。

参考文献

［1］孙云晓.教育成功的秘诀是真爱［M］.北京：新华出版社，2002.

［2］翟远杰.学生学习化学的思维障碍及对策［J］.中学化学教学参考，2003（11）：23-24.

［3］孙同明，李广洲.问题解决教学与中学化学实验［J］.中学化学教学参考，2003（Z1）.

［4］汤艳，王后雄.多元智能理论视野中的化学差生转化策略［J］.化学教育，2007（8）.

［5］马春秀.微信支持的"翻转课堂"实践探索——以中学教学化学为例［J］.教育信息技术，2015（9）.

［6］黄兰芬.基于微信的移动阅读途径［J］.教育信息技术，2015（9）.

微课在化学教学中的应用研究

广东省梅州市梅江区梅州中学　何志琼

　　"微课"的全称是"微型视频课程"。它是以教学视频为主要授课方式，围绕具体的知识点进行的教学过程及相关资源的有机整合。微课的核心是微视频，同时包含相关的微教案、微课件等内容。其中微视频的时长一般为5~8分钟，最长不超过10分钟。因此，微课既有别于传统的教学课堂、教学课件、教学设计等资源类型，又是在其基础上发展起来的一种新型教学资源。随着"全国高校微课教学比赛"的进行，一种新的教学理念正逐渐深入各层次、各学科的教学。广大教师对于微课从陌生到初步了解，进而到逐渐熟悉并掌握。微课日益成为我们教学中使用的新方法、新手段。

一、微课的意义

　　对学生而言，微课能更好地满足学生对不同学科的知识点的个性化学习，学生可按需选择学习。微课既可查漏补缺，又能强化巩固知识，是传统课堂学习的一种重要补充和拓展资源。调查发现，如果是网络课，学生注意力集中的最佳时间是10分钟以内，学生认为网络课堂通常都是45分钟左右，他们很难完全集中精力，通常打开视频几分钟后就关掉了。通过微课视频的播放，学生清晰地明白针对某一知识点他人会有怎样的观点和思考。这种方式可以开阔学生的视野，提高学生的学业水平。

　　对教师而言，微课将革新传统的教学与教研方式，突破教师传统的听评课模式，教师的电子备课（课堂教学和课后反思的资源应用）将更具有针对性和实效性。微课研究的优点很明显，就是课例简单，学习内容与目标单一，学习和研究时间精减。教师从微课中可以受到启发，甚至可以将有些内容照搬或者迁移到自己的教育教学之中。广大教师在这种真实的、具体的、典型案例化的教与学的情境中可实现对隐性知识、默会知识等高阶思维能力的学习，并实现教学观念、技能、风格的模仿、迁移和提升，从而迅速提升课堂教学水平，促进自身专业成长。

二、微课与传统教学视频的比较

微课这种新型教学资源的建设和应用模式可以说是传统教学视频在微时代下的衍变。微课有其与生俱来的特性，这些特性颠覆了传统教学视频的模式。

1. 主题明确，针对性强

微课主要是为了解决课堂教学中某个学科的知识点，特别是教学中的重点、难点等。微课的教学目标相对单一，指向明确，所有的教学设计与制作都是围绕某个知识点展开的。它不仅注重教师的"教"，更注重学生的"学"。而传统教学视频设计往往是一堂课的复制，包含多个知识点，含有复杂众多的教学内容，更注重教师的"教"。可以说，微课是传统教学视频精华的浓缩。

2. 短小精悍，易传播

微课容量小，容易在网络中传播和下载，用户可以在网络中流畅地在线观看微课视频，也可以方便地将其下载到各种数码设备中。而传统的教学视频往往需要45分钟，其时间长，容量大，在网络中传播和下载往往需要耗费较多的时间。

3. 半结构化，可扩充修改

微课具有半结构化的特点。微课的资源要素可以随着教学需要不断扩充、修改和完善，而传统教学视频资源结构紧密、固化封闭，难以扩充和修改。

三、微课在实际教学中的应用

（一）课堂学习

1. 传统教学与微课穿插，提高学生的注意力

据相关研究，一般人的注意力集中的有效时间通常为10分钟左右。课堂上教师一味地利用板书讲授会显得单调乏味，导致学生注意力难以集中。如果教师能在教学过程中穿插一个小小的微课，既可以丰富教学的形式和内容，转换

一下学生的思维，又可以重新抓住学生的注意力，使整节课高效、有趣。

2. 复习课中使用微课，可以为复习提质增效

微课作为复习课的一种形式，让学生在教师的适当引导下自学，既提高了学生的复习效率，又能充分暴露学生在学习中的不足，为"后教"做好准备。教师可以利用学生之间的交流与互评，充分调动其积极性，提升其分析能力，从而改变传统课堂教师"一言堂"的局面。教师还要精心设置思考题，让学生在分析、解决问题的过程中层层推进、抽丝剥茧式归纳、总结、提高。教师只在学生"跳一跳"仍达不到相应高度时给予指导和帮助。

例如，人教版初三化学教材第十一单元的重点内容是碳酸盐的性质。因为教材将碳酸盐的性质穿插安排在"酸的性质""碱的性质"和"几种重要的盐"等内容的学习中，知识点分散，难以让学生全面掌握、运用盐的化学性质。为了让学生掌握这一内容，我设计了以"探究氢氧化钠是否变质"为主题的微课。首先，创设情境，引起学生的思考：久置的氢氧化钠是否会变质？其次，引导探究，明确探究的实质，探究久置的氢氧化钠溶液中是否存在碳酸钠。再次，继续引导学生归纳碳酸钠的化学性质，通过分析碳酸钠的化学性质，设计出检验久置的氢氧化钠是否变质的实验方案。最后，设计课堂练习题，让学生设计实验，检验实验室制取二氧化碳后的剩余溶液中含有哪些溶质。通过这次微课的学习，我帮助学生认识到将知识进行梳理、归纳、总结，形成完整知识体系的重要性，体验到用分类的方法找出运用同一类物质的共性分析解决问题的好处，帮助学生建立物质转化观。同时，课堂训练题的设计不仅检查学生知识的掌握情况，还检查学生解决问题的方法、思路的迁移情况。学生当堂完成作业，这种方式提高了课堂信息的反馈速度，并让教师了解了学生在学习中的不足，为教学方案的修改做好准备。

（二）课后学习

微课是传统教学模式的有效补充。微课可以灵活运用于多种学习情境，如在线学习、面对面教学或混合学习。学习形态可以是正式学习，也可以是非正式学习。微课能满足社会大众的各种学习需求。很多很难理解的知识点，若按传统的教学模式讲授，就会显得更加难以理解，这就可以将其做成微课的形式，以供学生课下随时学习。另外，教师可以将板书、图形、图表较多的部分，以及工程实践演示部分做成微课形式，一方面可以节约时间、提高效率，另一方面还能提高教学效果。

（三）随时学习

微课因其短小精悍、占用资源容量小的特点，方便学生随时学习。00后中学生出生在改革开放后中国经济加速发展的时代，他们的思想奔放不受约束，追求个性与自由，接受知识的能力强，自我意识及认知强，不再喜欢按部就班的传统教学模式，他们更喜欢多样的教学模式、不拘一格的学习形态。因此，课后的随时学习必将受到追捧。以传统教学系统知识组织微课教学主要以简短的视频形式呈现，学生在相应的学习平台可以进行观看、下载。随着智能手机、平板电脑等移动设备的普及，这种在线视频学习为大众提供了灵活自主的移动化网络学习体验。

总之，微课在目前的教育领域崭露头角，成为一种新型的教学模式，但其作为一种新兴的教学资源模式，还不够成熟与完善。传统教学发展了一百多年，教学模式稳定。以其面对面的教学方式方便增进师生关系，教师可根据学生接受知识的情况随时调整课堂教学方法，但它也具有学生被动学习、不能长时间抓住学生注意力等缺点。因此，将微课与传统教学相结合，取长补短，以传统教学理念推动微课教学，以微课教学辅助传统教学，这将有助于激发学生的学习兴趣，培养学生主动学习、主动思维的能力。

▶ 参考文献

［1］徐翠锋，郭庆.论微课与传统教学的有效融合［J］.教育教学研究，2014（1）：74-76.

［2］黄烨."微时代"下的"微课"浅析［J］.科技风，2013（10）：259.

衍动生物

以核心素养为导向的高考"原因阐述"
题型的备考探索

广东省梅州市梅江区梅州中学　黎均敏

　　分析比较近三年的高考理综生物试题，我们可以看出，2018年高考全国卷生物试题紧扣考试说明，区分度高。在命题风格、考查目标、难易度把握等方面都有很好的稳定性和延续性，与前几年的试题相比，可谓稳中有变。在试题的考查目标上，高考命题的走向将聚焦生物学核心素养，注重设计比较复杂的问题情境以考查学生的关键能力。其中的关键能力就包含科学思维。

　　生物学核心素养是学生在生物学课程学习过程中逐渐发展起来的，是在解决真实情景中的实际问题时所表现出来的必备品格和关键能力，是学生知识、能力、情感态度与价值观的综合体现。生物学核心素养包括生命观念、理性思维、科学探究、社会责任四个要素，这四个要素之间相互交叉、密不可分，都具有自然科学领域的跨学科性质。作为核心素养要素之一的理性思维，是指崇尚严谨和务实的求知态度，尊重事实和证据，运用科学的思维方法，认识事物，解决实际问题的思维习惯和能力。试题是诊断学生知识掌握程度的载体，同时可作为培养学生科学思维的素材，如在生物学概念的形成、生物学社会性议题的审视或论证等方面都能很好地展现学生的科学思维。

　　虽然知识是能力的载体与凭借，但单纯考查知识的题型在高考试题中明显弱化。我们可以从培养科学思维的角度看高考题，其中有一类"原因阐述"题型，虽对学生来说是难点，但能侧重考查学生解决较复杂问题的思维能力及思维品质，所以此类题型在近年的高考试题中都有出现。若从考查能力水平角度分析，属于科学思维类的"原因阐述"题型将更加突出对考生应用能力与创新能力的考查。近年来，高考生物试题里都有考查学生对相关生物学现象出现原因的阐述，而且这类试题的比重逐年增大。例如，2018年高考全国卷三套试题中都各有5处需要学生阐述相关生物学原理，这就要求考生不仅要明确辨析材料和结果之间的因果关系，而且需要具备较强的语言组织能力、生物学专业术语的应用能力、科学合理的语言表达能力。这种题型突显对学生综合能力的考查。

对"原因阐述"题型的备考，我们在创新发展的新思路下探索前行。下面笔者对近年的高考理综生物试题中"原因阐述"题型进行了归纳、分析，希望能给高三复习提供一些借鉴和启发。

一、答题模式构建的探索

1. 比较"差异"的原因类型题

例1：（2018年高考全国Ⅰ卷第30题节选，稍有改动）甲、乙两种植物净光合速率随光照强度的变化趋势如图所示（图略）。回答下列问题：

试题的第（2）问：甲、乙两种植物单独种植时，如果种植密度过大，那么净光合速率下降幅度较大的植物是甲还是乙？判断的依据是什么？

分析：本题考查光合作用、细胞呼吸、影响光合作用的因素，命题意图在于考查学生从坐标系曲线中获取信息的能力，对光合作用过程及影响因素的理解。

据图可知，甲植物的净光合速率变化幅度明显大于乙植物，因此可以得出甲植物对光能的利用率明显高于乙植物，且乙植物的饱和点和光补偿点都比较低，属于阴生植物，甲植物属于阳生植物。甲、乙两种植物单独种植时，如果种植密度过大，植株接受的光照强度较弱，光照强度降低导致甲植物净光合速率降低的幅度比乙大，因此种植密度过大，导致甲植物净光合速率下降幅度比乙大。

分析之后，问题中的判断依据该如何阐述呢？

从能力分析看，"原因阐述"题考查的是学生的分析能力和语言表达能力。解答"原因阐述"题的关键在于建立答题模式。所用的答题模式是"描题眼，述分析，得结论"。利用此模式来阐述判断依据。首先，寻找题干中的关键词或者描述的重点，在阐述中先写出来，即描题眼。该问题的"题眼"是"甲、乙两种植物单独种植时，如果种植密度过大"。然后，确定该问题的"结论"是"那么净光合速率下降幅度较大的植物是甲"。经分析，"题眼"与"结论"之间的逻辑关系是"种植密度过大，植株接受的光照强度较弱，光照强度降低导致甲植物净光合速率降低的幅度比乙大"。写出初步的原因后，重读或做修正，以确保整个句子阐述合情合理。逻辑严谨的逻辑关系就可作为答案。

2. 说明"变化"的原因类型题

例2：（2018年高考全国Ⅰ卷第31题节选，稍有改动）为探究不同因素对尿量的影响，某同学用麻醉后的实验兔进行不同的实验，实验内容如下：

（1）记录实验兔的尿量（单位：滴/分钟）。

（2）耳缘静脉注射垂体提取液0.5 mL，记录尿量。

（3）待尿量恢复后，耳缘静脉注射20%葡萄糖溶液15 mL，记录尿量，取尿液做尿糖定性实验。

回答以下问题：

该同学发现，与（1）相比，（2）处理后实验兔尿量减少，其主要原因是什么？

分析：本题命题意图在于考查学生对下丘脑、垂体在水分调节作用中的作用的理解。

本题通过探究不同因素对尿量的影响，考查水盐平衡的调节过程，明确水盐平衡调节的过程，注意抗利尿激素分泌的外界条件，再结合题干信息，学生就能准确回答各个小题。（2）中注射的是垂体提取液，垂体提取液中含有抗利尿激素，抗利尿激素能促进肾小管和集合管对水的重吸收，从而导致（2）处理后实验兔尿量减少。

分析之后，问题中的主要原因应该如何阐述呢？

学生可以利用答题模式"描题眼，述分析，得结论"来完成。该问题的"题眼"是（2）中注射的是"垂体提取液"。然后，确定该问题的"结论"是

"（2）处理后实验兔尿量减少"。经分析，"题眼"与"结论"之间的逻辑关系是"垂体提取液中含有抗利尿激素，抗利尿激素能促进肾小管和集合管对水的重吸收，从而导致（2）处理后实验兔尿量减少"。重读后生成正确答案。

从以上例题分析可知，比较"差异"的原因阐述一般是指对生物体结构、功能、过程或者现象在不同生命系统之间进行比较后，解释出现不同结果的原因。此类题的解题思路就是根据"差异"的结果，对比分析出结果背后的不同影响因素。而说明"变化"的原因阐述题通常用来考查生物学过程及过程中所蕴含的规律和变化。此类题的解题思路是从生物学过程的影响因素着手分析，同时结合该影响因素在生物学过程中的作用原理进行阐述，并注意因果之间的逻辑关系是否科学合理。当然，解题的方法是多种多样的，同一道试题也可以用多种方法来解答。学生若能找出最适合自己的解题方法，灵活做题，就能提高在高考中解题的速度和准确率。

二、教师备考教学的探索

以知识为主体、能力测试为主导是高考命题的指导思想，试题重视对考生的生物学核心素养的考查。因此，教师要充分认识和理解高考能力要求的基本含义，认真研究《普通高中生物学课程标准（2017年版）》、考试说明和高考试题的特点，这样才能把握好备考的方向。

1. 用好"一书"与"一题"

"一书"是指教材。教材既是讲授新知识的蓝本，更是高考复习的唯一抓手。教材通常是命题专家首选的知识载体和思考方向，每年的高考题往往都能对应教材上的原题、类似题、克隆题、衍生题。教师指导学生对教材进行学习可以训练学生捕捉信息的能力。"一题"是指历年的"高考生物试题"。这些试题的题十新颖精练，设问巧妙。研究并用好它能了解命题模式，把握试题的设问技巧，探索到命题的规律。合理利用高考试题还可以加深对教材核心内容的理解、巩固。

2. 构建"梳理"与"精练"复习模式

教师要适当对课本内容进行延伸，对生物学核心概念进行深度挖掘，以加深学生对知识的理解和掌握，梳理知识点，指导学生自己构建好知识网络，加强知识点之间的联系，从局部到整体，帮助学生建立起完整的知识体系。

教师还要精选试题，加强学生训练，指导学生学会分析试题、解答问题，及时总结反思。

3. 提升"学科素养"与"综合能力"

备考复习在强调基本知识（概念、原理、法则、定律、过程、事实）、基本能力（方法、技能、思路、记忆、理解、应用）、基本观点的同时，还应注重对知识的整理加工，把知识内化为能力素质。教师通过研读每一年高考改卷的评分细则指导学生答题，要求答题言之成文（通顺、严谨）、言之有理（理论依据充分）、言能得分（答到得分点），指导学生学会看书、学会分析和应用，多读、多写，并且注重培养学生的语言表达能力，指导学生用专业术语、课本理论知识答题。

三、学生能力培养的探索

对学生而言，高考生物试题中的"原因阐述"题型无疑是难点。学生在考试中遇见这类题，有的学生会出现知道怎么答但是答不准的困惑，有的学生会出现千头万绪不知从何说起的窘迫，更有甚者会出现毫无头绪，不知从何下笔的焦虑。为提高学生的解题能力，笔者认为可以注重对学生进行以下几个方面的能力培养：

（1）培养学生的理解能力、逻辑思维推理能力、获取信息并加工的能力。

（2）注重培养语言表达能力，强调规范答题。

（3）构建"原因阐述"题型解题思路和答题模式，提倡发散思维，创新多样。

（4）阅题后能快速准确地找到解题的切入点，再结合生物学原理和过程完成整个试题答案的语言组织。

（5）夯实基础知识，以帮助学生克服畏难心理，培养学生分析问题、知识迁移和解决问题的能力，培养学生的科学思维。

一个想法使用一次是一个技巧，经过多次的使用就可以成为一种方法。教师应引导学生自主思考，培养学生的生物学核心素养，使学生形成正确、系统的学习观念，能利用所学知识解决生活实际问题，从而实现全面提高学生生物学科能力的目的。

参考文献

[1] 中华人民共和国教育部.普通高中生物学课程标准（2017年版）[M].
北京：人民教育出版社，2018.

[2] 章君果.对"原因阐释"类试题的思考 [J].中学生物教学，2017
（12）：49-51.

[3] 陈敏.试题素材中的科学思维培养 [J].中学生物教学，2019（Z1）：
125-128.

悦动音乐

高中音乐教学中和谐互动师生关系的构建

广东省梅州市梅江区梅州中学艺术组　蔡 虹

教学过程是师生交往、积极互动、共同发展的过程。现行新课程改革也强调课程要促进每名学生身心健康发展，培养终身学习的愿望和能力，营造一种开放的、民主的、科学的教学环境，强调以学生的发展为主体。师生交往是否有利于学生发展是教学过程能否按照《普通高中音乐课程标准（2017年版）》来运行的前提和保证。新课程强调要促进学生个性与创造性的发展，要实现这一目标，建立和谐、互动的师生关系是不可或缺的。

师生关系是和谐、平等、民主的新型人际关系，是最高尚、最健康的人际关系，但师生关系又不同于一般人际关系的特点。从组织关系看，教师是领导者，学生是被领导者；从教学关系看，教师是施教者，学生是受教者；从心理关系来看，教师是师生之间心灵桥梁的精心架设者，学生是积极响应者。有效的教学必须以和谐融洽的师生关系为前提，有了融洽的师生关系，学生丰富的想象力和创造力就可能被充分发挥出来。课堂教学中的师生交往，能够构建和谐的、平等的、互动的师生关系，让学生体验到平等、自由、民主、尊重、信任、友善、理解、宽容、亲情与关爱，同时受到激励、鞭策、鼓舞、感化、召唤、指导和建议，使学生形成积极的、丰富的人生态度与情感体验。

新课程改革后，笔者尝试在高中音乐课堂教学中构建和谐、互动的师生关系，取得了良好的教学效果。

一、"爱"是构建和谐师生关系的桥梁

做一位让学生喜欢的老师，最重要的是要发自内心地对学生有"爱"，要有热爱教育事业、热爱教学工作、热爱学生的"爱心"。教师有了"爱"，就能以一种宽容、平和的心态去指导、对待学生。因为教师的爱是打开学生心灵大门的金钥匙，也是教学智慧和教学艺术的重要源泉。无数的教学实践证明：建立和谐的师生关系是提高教育质量的首要前提。诚然，建立和谐融洽、教学相长的师生关系应该是教师与学生的双边活动、双边协调，但很大程度上取决于教师的理智、情感和教育方法。正如一句教育名言所说："把学生看作天使，教师便生活在天堂；把学生看作魔鬼，教师便生活在地狱。"

在高中音乐教学中，有些学生往往对学习音乐缺乏自信心，如果教师无视学生的心理特点和接受能力，便会让学生对音乐萌生高深莫测的感觉，进而产生距离感、畏惧感。如果教师在教学中又一味地批评学生上课不认真，不主动参与音乐学习活动，那么，这样的教学行为不仅会让学生失去学习音乐的兴趣、积极性，甚至有可能扼杀学生的音乐天赋。在教学中，对于那些已经能够自信演唱的学生，我们可以提出更高的要求，如要求他们声情并茂地演唱歌曲；对于那些不敢单独演唱但又想唱的学生，我们可以鼓励他们与老师一起演唱，演唱结束后要对他们的演唱给予肯定、鼓励和表扬，让他们体会到成功的快乐，也让他们感受到老师是相信他们的，相信他们能行，从而增加学生的信心。

同时，在音乐课前、课后或是课外活动时间，教师要放下"架子"，走近学生，多给学生一些微笑，尽量和学生共同参与歌舞表演或音乐游戏，使学生消除心理上的畏惧感、压抑感，多采用鼓励的方法对学生适时地给予表扬，让学生清楚地认识到自己的音乐禀赋，认识到自我力量以及存在的价值，从而提高学习音乐的积极性。另外，教师要保护学生的自尊心，如果有学生在歌唱表演或者律动中动作笨拙、呆板，教师要及时制止其他学生的取笑行为，并给予其耐心辅导，纠正其动作，帮助他们树立自信心。此外，教师要鼓励学生大胆发言，并给予积极的评价，使学生感受到被赞扬的喜悦。对于回答错误的学生，教师尽量不用否定性的语言加以评价，而是耐心讲解，引导学生领悟正确答案，让学生感受到老师热切的期望。教师少一些居高临下，学生就多一些自

信与热情。

二、创设活跃的课堂气氛

融洽的师生关系是构建和谐课堂的前提。学生通常更愿意学习自己喜爱的教师的学科。对于一位教师来说，善于为学生营造宽松愉悦的成长、学习环境，甚至比学识是否渊博更重要。教师与学生关系和谐了，学生自然会对学习产生兴趣，民主平等的课堂气氛也就会自然形成。教师对学生的尊重是减轻学生心理负担的重要因素。特别是在音乐课堂教学活动中，师生间的情感交流活动比较多，教师在教学中要注意这种情感的作用。

例如，在上课之前，教师可以播放与本课有关的课前音乐或录像，或是用精练幽默的语言和学生轻松地对话，或为学生演唱一些歌曲等。上课时以亲切随和的教态和学生一起听着音乐做律动，这样就创设了一种愉悦、合作的学习气氛，能更好地引导学生参与音乐活动、体验音乐情感。例如，在教高中音乐第一单元《音乐与生活》第3节《生活之音》时，我一边播放幻灯片引导学生认真观察图片内容，一边引导学生聆听音乐，并让学生根据音乐描述的情景寻找对应的图片，模仿图片动作，再现图片情景。教室里很快就响起口哨声，拍桌子的节奏声。在教学中创设融洽和谐的师生关系，能给学生创造一个轻松自如、生动活泼的学习环境，这样的学习环境可减少学生的精神压力，促使学生轻松愉快地积极参加音乐学习，使他们处于最佳的学习状态：能说的说，能唱的唱，能表演的表演，让学生的多元智能有了一个愿意表达、可以表达的机会，使学生在快乐中学到音乐知识，提高音乐鉴赏能力。

三、真正体现教学的本质："交往互动"

现在的高中学生被称为"00后"，他们是在电视、互联网中成长的一代，知识面广，个性突出。为了顺应时代的要求与当代学生的特点，新型的师生关系要能够突出学生的主体地位和作用，真正体现教与学的"交往互动"。

教学过程是一个师生交互作用的过程，师生互动的性质和质量在一定程度上对教学活动的效果起着决定性的作用，此时教师平易近人而又具有激励性的语言就非常重要，如"想说就说吧！""让我们一起探讨吧！"再如"我也提个问题，请大家讨论讨论"，或者当学生发言之后说："我也有这样的体会，不过，我再补充一点……"教师这些课堂用语看似平常又不平常，恰恰是学生的阳光，是课堂的生命，极大地激活了学生的学习热情和主动性，最大限度地为学生的个性发展提供了时间和空间保障。例如，在教《永恒的水》（高中音乐鉴赏第一单元）这一节时，我采用聆听判断、实践创新的方法，使用自制课件，先让学生只听声音不看画面，抛出问题"你听过这种声音吗？""你知道它是什么声音吗？"让学生注意力高度集中，使他们的听觉也变得敏锐起来，学生寻找答案后再播放视频，视听结合。教学中经常能听到各班的学生得意地说："噢，真的是水！""哇，精彩！我就猜是水！"接着让学生进行实践创新，派代表在水盆中模仿《水乐》的演奏形式，学习《水乐》的表现手法，让课堂气氛热烈起来，教学环节也"水到渠成"。还可以请学生来创编纸乐，师生一起从简简单单的一张纸上，寻找出各种不同的声音，提高学生实践创新的能力，同时使得课堂气氛相当活跃，这样学生在课堂上充分发挥了主体性、创造性，刺激了思维的活跃度，提高了学习的兴趣，同时体验到了自己创作的成功感。

实施教与学的交往互动能真正发挥学生的想象力和思维能力，从而培养出创新型人才。在"互动"中，学生学会了合作与分享，而合作的意识和能力是现代人应当具备的基本素质。在课堂上，学生与教师之间的积极交往和合作让学生学会了交流和分享信息，养成了乐于合作的团结精神，增强了学生的人际交往能力。

四、注重教学反思，实现教学相长

现代教育观念认为，教师和学生均是学习共同体中的一员，他们在学习中共同成长。在师生共同参与的教育活动中，双方是相互促进、彼此推动的关系。在课堂教学中，教师可以经常让学生表演，然后与其他学生一起来做观众；学生讲，大家一起来听。这种朋友式的倾听、交流，能收到良好的教学效果，同时，教师能从学生的表演中得到信息与灵感，从而丰富、完善自己的教学内容。

在接手2009届高一音乐课之前，我重新审视了一遍前一年的教学记录，我发现在十几个教学班的教学反思里都写有"学生过于被动，不够积极思考""被动欣赏，没发挥主体性"等体会。为什么学生不能主动参与呢？怎样做学生才能更积极主动呢？在上网阅读了不少同行的教学案例后，我想到了让学生参与的方式：让学生准备音乐课的资料，因为音乐来源于生活。这样的任务既能让他们关注生活中的音乐，又能让他们在课堂上有所表现，从而对音乐课充满了期待。

任务布置下去之后，学生的主动性表现出来了，我也从中受益匪浅，学会了以学生的眼光来看待音乐。例如，在教学《思乡曲——客家之歌》（高中音乐鉴赏第三单元）一节时，我在开学初就让学生利用周末的时间去收集、学习相关资料，并有目的地引用乡土教材——梅州客家山歌，引导学生根据梅州城区的特点（每到傍晚，梅江河堤的梅江公园里都有一些老人聚集在一起唱山歌。客家山歌题材广泛，意境含蓄，日常生活、时事政治都可以作为"唱"的内容）选择客家山歌进行学习，并布置任务：在中段考试之后，各班各小组推选出代表进行"山歌打擂台"（对学生的精彩片段进行录像）。学生表现得非常积极，而且班与班之间有暗暗较劲的行为。在20个班的"擂台"观摩下来之后，我收集了非常多的精彩片段，把它们精选后插放到课件里与课堂内容《客家之歌》有机结合，学生上本节课的积极性和主动性非常高，而且因为学生都是客家人，平时耳濡目染，经过两个多月的时间收集、了解和打擂赛，使得教学进行得非常流畅。随后，又在此基础上进行了山歌即兴创作——对歌，师生都兴致勃勃，这让我深刻体会到了教与学鱼水相融的无限乐趣。

多年的教学经验积累下来，资料库里收集了几十名学生制作的优秀课件，近千首MP3歌曲和几十个文档。学生成了学习的主人，我也在学生分享成果的过程中，激发了灵感，真正实现了教学相长。

多年来，这些生动的教学形式为课堂教学构建了一种和谐、互动的师生关系，使师生之间拥有了情感交流的默契，营造了轻松愉快的课堂气氛，提供了丰富的课堂内容，进而激发了学生积极活跃的思维，激励学生主动大胆地参与学习，使学生感受到了学习的无限乐趣。在新课程改革的进程中，只要教师能够深刻地理解"一切为了每一位学生的发展"这一宗旨和核心理念，就能使师生关系焕发出迷人的光彩，成为新课程改革路上一道亮丽的风景线。

参考文献

［1］吴积军.构建民主、平等、和谐的师生关系［J］.教育探索，2000（4）.

［2］冯少华.构建21世纪的新型师生关系［J］.陕西教育，2003（4）.

［3］熊川武.反思性教学［M］.上海：华东师范大学出版社，1999.

［4］朱则平，廖应文.音乐课程标准解读［M］.武汉：长江文艺出版社，2002.

让学生在音乐课中"嗨"起来

——谈如何让初中生快乐学习音乐

广东省梅州市梅江区乐育中学　吕莲娜

谈到音乐，虽然大部分学生都喜欢，但是上音乐课的时候却死气沉沉的。这一点确实让许多音乐教师头疼，学生为什么喜欢音乐却在音乐课上"嗨"不起来呢？

面对以上情况，我认为兴趣是"嗨"的基本动力，运用快乐教学法可以诱发学生的学习兴趣，能够让学生从被动学习变为主动学习，快乐地参与音乐教学。就此方法，本人结合二十年的教学经验，谈谈我的体会。

一、"嗨"在丰富多彩的教学内容上

为什么课本中经过专家筛选有着深刻意义的歌曲比不过学生心目中的流行歌曲？究其原因，并不是学生认为歌曲的旋律不好听，而是歌曲的内容过于单一，无法激发学生的学习兴趣和共鸣。于是，我除了选择课本上的部分歌曲外，还根据初中生这个年龄阶段的喜好注入一些实用有意义的正能量歌曲，如《浩瀚》《奔跑》《我相信》等，并将部分有特色的发声训练、视唱、节奏训练、乐理知识、小乐器及一些打击乐器等内容融入音乐课堂中。在运用这些内容的教学中，我发现学生对此的兴趣十足，主动参与度非常高。以前只教课本中的歌曲时，很多学生都不愿意开口，现在唱起《奔跑》等歌曲却中气十足、歌声嘹亮，吹奏小乐器时津津有味、神情专注。学生在丰富多彩的教学内容中体验到了音乐学习带来的乐趣，脸上洋溢着幸福的笑容。我再也不用担心学生不开口、不动手了，我也从以前在课堂上唱"独角戏"转变为"一唱众合"。

可见，选择适合学生年龄阶段的教学内容至关重要。

二、"嗨"在灵活多变的教学形式上

（一）注重导入艺术，创设生动有趣的导入情境

导入是一门值得研究的艺术，教师可以采用谜语、故事、韵律、图片、短片、表演、模仿等形式进行导入。例如，教学音乐欣赏《川江船夫号子》的导入：先请几名学生上来搬一下钢琴，体会同时发力时的号令，通过实践体验让学生能够更加直观地理解什么是劳动号子，再去聆听音乐，这样有助于学生更好地理解音乐；再如学习《走进歌乐山》时，先给学生讲一小段革命小英雄小萝卜头的故事，再进入歌乐山"参观"，让学生对歌乐山的故事和人物充满好奇，学生有了好奇心就特别期待下面的教学。

（二）把葫芦丝和游戏融入课堂，激发学生的学习兴趣

传统的音乐教学仅限于歌曲教唱和音乐欣赏的教学形式，原本单一的教学形式已经远远满足不了学生的求知欲。随着新课程改革的深化，我尝试将葫芦丝带进课堂。此乐器小巧、易带易学，容易普及。教学实践证明，乐器进入课堂能让学生由被动地接受音乐教育转变为主动学习。而且器乐演奏对于激发学生学习音乐的兴趣，提高学生音准、节奏、乐感、对音乐的理解、表达和创造能力等音乐素养起着举足轻重的作用，能给学生一定的直观体验和感受，对实现情境化教学起到一定的促进作用，还能激发学生的学习欲望。以前学生演唱歌曲时，跑调跟不上节奏的现象时有发生，导致很多学生不敢出声。我一直在为提高学生音准、节奏能力不断探索，尝试了很多方法但效果都不显著。自从我把小乐器带进课堂，并在乐器学习中穿插视唱练耳、乐理知识后，学生在吹吹奏奏中不知不觉就提高了音乐素养及综合素质。现在学生上音乐课唱歌跑调和节奏混乱的现象越来越少了，学生也越来越自信。我在教唱课上也越来越轻松，不用在音准节奏上下过多功夫，可以注重引导学生理解音乐内涵及对其学生创造能力的纵深发展，从而培养他们的音乐核心素养。

教师还可以在音乐课堂中渗透游戏。如在节奏练习中，我把生活中形象鲜明的声音转变成生动有趣的节奏训练，如汽车鸣喇叭3/4××·｜××·‖嘀嘀·｜嘀嘀·‖，钟摆2/4××｜××‖嘀嗒｜嘀嗒‖，母鸡下蛋后的叫声2/4××××｜××××‖咯咯咯嗒｜咯咯咯嗒‖。在练习这些节奏时配上响

板、沙锤、三角铁、鼓等打击乐器，音响效果动听有趣，真是妙不可言！教师将枯燥的节奏练习变成模仿生活中熟悉有趣的声响，不但使学生学习兴趣浓厚，还能让他们容易理解和记住这些复杂多变的节奏。我讲得轻松愉悦，学生模仿得栩栩如生，大家完全沉浸在音乐海洋的"嗨"声中，教学效果非常显著。

在教唱教学中，教唱歌曲后我会引导、启发学生进行歌曲再创作。例如，改编歌词、创编动作、歌曲创作、创编演唱形式等，或者进行流行歌曲猜猜猜游戏，如放一段流行音乐让学生猜猜它的歌名是什么，哪一组猜对最多给予表扬；或者组织学生玩歌曲接唱比赛游戏（课内、课外的歌曲都可以唱）。从各种游戏中我发现学生的创作能力慢慢提高了，会唱的歌曲也越来越多，参与活动的积极性也越来越高涨。

（三）善于利用多媒体辅助教学激发学生的学习兴趣

例如，在歌剧《白毛女》片段的教学中，我利用多媒体，采用视听结合这一手段，通过媒体讲故事，让学生初步感受音乐、画面、故事情节这三者之间的密切关系，初步感受视觉艺术与听觉艺术的密切联系。视觉、听觉享受能使学生更加形象、直观地感受到白毛女的人物特征和音乐内涵。"三位一体"的直观引导，不但寓教于乐，而且省力，达到了意想不到的教学效果。同时可以运用多媒体让学生利用课余时间通过网络学习等方法，动手收集相关的知识，下节课汇报。这样既提高了学生的自主学习和动手能力，也能开阔学生视野。

三、"嗨"在建立良好和谐的师生关系上

微笑是师生关系的润滑剂。课堂上，我总会面带微笑，娓娓道来，让学生如沐春风、心情舒畅。平等、和谐的师生关系可以增加教学活力，提高学生的学习兴趣。因此，我会充分利用好课前十分钟，播放一些他们喜欢的音乐，跟学生聊聊天谈谈心，了解他们的心理需求和对音乐课的评价和建议。对调皮捣蛋的学生我会多赞扬他们的闪光点，耐心引导，尽量争取做到课上是老师，课外是朋友，公平公正地对待每一名学生，构建良好和谐的师生关系。

四、"嗨"在突出学生的主体地位上

传统的教学模式过于死板，过于突出教师的主体地位而忽略了学生的感

受，学生处于被动地位。我尝试着把学生放在主体位置上，让他们参与到课堂实践中去。例如，音乐欣赏课上让学生自己在提问题，在讨论过程中解答问题；采用商量式的对话方式，鼓励学生积极发言，对学生的回答及时给予肯定；或以小组为单位，根据音乐编故事，并进行配乐故事比赛等。再如，在学习小器乐和打击乐时，学生亲身体验和实践，完全占主导地位。在种种教学手段尝试中我发现，让学生在课堂中处于主体地位能使他们提高兴趣，主动学习。作为引领者，我享受着学生学习的快乐，特别有幸福感。

五、"嗨"在教学评价的多元性上

教师对学生的评价是提高学生学习兴趣的关键因素。我善于发现学生的闪光点，对学生的进步和成绩都会进行适当的表扬和鼓励，送上一句名人名言、赠送一件小礼品或是给他（们）一次上台表演的机会、管理音乐课的机会等，让他（们）体验到成功的快乐。同时在表扬时会指出努力的方向，以防学生盲目自满。

除了教师评价外，我还应该让学生自评和互评、学生与教师互动评价等。这种多元化的评价可以让评价者和被评价者互动，学生在评价过程中进行对照和比较，既看到了优点也看到了不足，能够激发学生内在的潜能，提高学生的自我调控能力，主动发展，起到互相帮助、互相促进的作用。

学生在丰富多彩的教学内容和灵活多变的教学形式中产生了强烈的求知欲，音乐课堂气氛活跃，兴致高涨。学生都能主动地参与到各种游戏和实践体验中，从以前的旁观者变为课堂的小主人；构建了良好的师生关系，在快乐的学习和多元的评价中提高了音乐素养，提高了团结协作能力和创作能力；在吹吹、打打、玩玩、唱唱、拍拍的愉快"嗨"声中进行了音乐核心素养的培养，快乐地完成了音乐教学目标。

时代在变革，学生的思想在更新，我们的教学内容和方法也一样要不断更新。因此，作为教师，我们应该主动改变教学观，敢于创新，树立真正的"以生为本"的观念，做到愉快教学，培养学生对音乐的兴趣，陶冶学生的情操，让学生在音乐课上尽情地"嗨"起来。

参考文献

[1]周世斌.音乐教育与心理研究方法 [M].上海：上海音乐出版社，2005.

[2]李妲娜，修海林，易爱青.奥尔夫音乐教育思想与实践 [M].上海：上海音乐出版社，2013.

[3]章学城.我最想要的轻松艺术课 [M].哈尔滨：哈尔滨出版社，2011.

高中音乐鉴赏教学中如何培养学生的鉴赏能力

广东省梅州市梅江区梅州中学　陈晋红

在素质教育的理念下，以培养全面发展的人为目标，旨在全面提升学生的德、智、体、美、劳等综合能力，这就要求各级各类学校必须不断地完善相应的《普通高中音乐课程标准（2017年版）》体系，转变教学观念，更加重视美术、音乐、体育等课程的开展，不断地完善课程的教学内容，创新教学形式，从而为学生的全面发展提供相应的平台，给予学生自由发展的空间。高中音乐鉴赏教学课程开展的主要目的就是培养学生的音乐素养，更深层次地发掘音乐中蕴含的情感与魅力，使学生具备一定的音乐鉴赏能力，从而使音乐鉴赏教学摆脱传统的教学组织形式，提高高中音乐鉴赏教学的质量。

一、高中音乐鉴赏教学培养学生音乐鉴赏能力的重要性

1. 有利于提升学生的审美能力

在《普通高中音乐课程标准（2017年版）》要求下，高中音乐鉴赏教学的重点就在于对学生音乐鉴赏能力的培养，这有利于不断提高学生的审美水平。学生在学习音乐的过程中不仅仅是对旋律的简单模仿，更是通过音乐本身去探求乐曲的丰富内涵，这也是培养学生音乐鉴赏能力的内在要求。所谓鉴赏，就是指鉴别和欣赏。高中阶段的学生身心发展水平已经趋向成熟，具备了一定的自我认知能力和表达能力，在此基础上强调音乐课程的鉴赏能力，能够使学生具备鉴别高尚音乐和低俗音乐的能力。同时伴随鉴赏能力的提高，学生能够在欣赏音乐的基础上获得美的感受，从而提升自身的审美水平，这也有利于学生高尚品格的形成。

2. 有利于丰富学生的情感体验

高中音乐鉴赏教学注重培养学生的音乐鉴赏能力，有利于丰富学生的情感体验。相比其他文化类课程，音乐课程能够帮助学生放松身心，陶冶情操，使学生在学习音乐的过程中感受到歌曲或舞曲中蕴含的丰富情感。当前高中音乐课程教材大多使用《音乐鉴赏》，其内容选用了很多经典的古今中外的名家名曲，学生在学习的过程中不再是对歌曲进行单纯的复制和模仿，而是需要深入地了解乐曲的创作背景、内容、情感表达、应用等。通过系统地学习，学生可以具备一定的共情能力，使自身真正地融入音乐中，从而感受到乐曲中蕴含的博大精深的魅力，体会到深层次的情感表达。

3. 有利于促进学生的全面发展

高中音乐鉴赏教学注重培养学生的音乐鉴赏能力，有利于促进学生的全面发展。音乐鉴赏能力的培养是无差别的，不论学生是否具备一定的音乐理论基础，他们都可以在学习鉴赏的过程中获得益处，使自身具备一定的音乐欣赏和选择能力，从而为今后音乐素养的提高奠定一定的基础。高中音乐鉴赏教学还可以使学生获得更多的音乐方面的知识，包括简单的乐理、古今中外著名的音乐家及其代表作等，拓宽了学生的知识面，使学生掌握更加全面的科学文化知识，更加有利于综合素质的提升。

二、当前高中音乐鉴赏教学中存在的问题

1. 音乐鉴赏教学形式较为单一

当前高中音乐鉴赏教学中还存在一些问题和不足，首先表现为高中音乐教学的课堂组织形式较为单一。受到课时的限制，教师在组织高中音乐教学的过程中，往往采用传统的课堂组织形式，让学生对某一歌曲进行学习，并且以大合唱的形式来进行音乐表达。这种方法忽视了学生的个性化需求，还使得音乐课堂枯燥乏味，这种对音乐旋律的简单复制和模仿，无法从根本上提高学生的音乐鉴赏水平，从而降低了高中音乐鉴赏教学的组织效率。

2. 学生缺乏学习音乐的热情

在组织实施高中音乐鉴赏教学的过程中，还存在着学生缺乏学习热情的问题。学生的课堂参与度不高，这就导致高中音乐鉴赏教学缺乏有效性。究其原因：一是高中生面临着升学压力，课业比较紧张，很多高中生认识不到学习音

乐的重要性，在音乐鉴赏教学中做与课堂内容无关的事，无法全身心地融入音乐课堂中；二是由于教师无法调动学生的积极性和热情，整体的音乐教学组织氛围较差，很多学生出于难为情的心理，失去了进行音乐表达的欲望，从而使高中音乐鉴赏教学能力的培养缺乏突破口。

3. 学生的乐理基础较差

教师要想进一步提高中学生的音乐鉴赏能力，首先会要求学生具备一定的音乐理论基础，也就是相应的乐理知识。但是由于音乐课程长期以来得不到重视，安排的课时也较少，音乐教师无法对相应的基础理论知识进行系统化的讲解，使得当前很多高中生的乐理基础较差，这就对培养学生的音乐鉴赏能力造成了一定的阻碍，因此需要教师通过创新音乐课堂的组织形式，在培养学生音乐鉴赏能力的同时，使学生掌握一些基本的理论知识。

三、如何提高高中生的音乐鉴赏能力

1. 创新音乐鉴赏教学的组织形式

高中音乐鉴赏教学要培养学生的音乐鉴赏能力，不断提高学生的音乐鉴赏水平，就必须重视创新音乐教学的组织形式，充分利用多媒体资源，不断丰富音乐课堂。比如，在学习《长江之歌》这一课时，教师可以通过播放纪录片的形式，使学生感受并体会长江奔流的气势，同时展示长江沿岸的美丽风光，从而诱发学生对长江这一生命之源的思考，再配以《长江之歌》的激荡旋律，给学生以身临其境的课堂感受，再组织学生进行分声部、分节奏的演唱，使学生具备感知、思考等音乐鉴赏能力。

2. 以兴趣为引导提升学生的积极性

要想提升学生的音乐鉴赏能力，音乐教师在组织实施教学的过程中还要注重以学生的兴趣为引导，提升学生的主动性和积极性，使学生能够自主地去探究音乐背后的故事，从而获得一定的情感体验和审美需求。比如，在进行《辽阔的草原》这一民歌教学时，教师可以通过介绍内蒙古地区的自然民俗风情为切入点，激发学生探究的兴趣，将学生的注意力集中到音乐课堂中，通过对乐曲的学习让学生描述对内蒙古地区的印象。同时教师可以鼓励学生进行积极的探讨，营造热烈的课堂氛围，使学生克服畏难情绪，在此基础上组织学生开展"我所知道的内蒙古民歌"比赛，从而有效地触发学生思考，培养学生的音乐鉴赏能力。

3. 提高高中音乐鉴赏教学的专业化水平

教师在组织实施高中音乐教学的过程中，还要有意识地使学生掌握更多的音乐基础理论知识。比如，在进行《广陵散》这一古典乐曲的教学过程中，教师可以通过讲解嵇康好琴的故事，让学生去考证和探究《广陵散》的年份、分部，在此基础上对古代乐器的相关知识进行讲解，使学生能够更好地理解和掌握相关音乐常识。

四、结 语

高中开展音乐鉴赏教学能够促进学生的全面发展，提高学生的音乐素养和审美能力。教师要以培养鉴赏能力为目标，从学生的兴趣入手，创新教学方法，引导学生积极主动参与，最终实现高中音乐鉴赏教学质量和学生音乐水平的提高。

> **参考文献**

[1] 解小女.高中音乐教学中音乐鉴赏能力的培养 [J].北方音乐，2018，38（17）：137.

[2] 董创.音乐教学中培养学生音乐鉴赏能力的具体途径 [J].艺术评鉴，2018（8）：89-90.

[3] 胡红蕾.高中音乐教学中培养学生鉴赏能力研究 [J].北方音乐，2017，37（24）：201.

[4] 赵丽.在高中音乐教学中培养学生的鉴赏能力 [J].当代音乐，2017（24）：126-127.

[5] 廖良碧.在高中音乐教学中如何培养学生的审美能力 [J].科学咨询（教育科研），2017（5）：60.

[6] 苏珊.高中音乐教学过程中如何培养学生音乐鉴赏能力 [J].黄河之声，2016（21）：52.

跃动体育

学校田径队员爆发力最大负荷与
最大速度组合训练的研究

广东省梅州市梅江区梅州中学　伍益强

爆发力是短跨、跳跃、投掷以及绝大多数非周期性体育项目的重要素质，因此，发展爆发力的手段及其机制的研究已经成为越来越多的教练员和科研工作者极为关注的课题。爆发力是力和速度的乘积，是快速大强度工作的能力。爆发力不仅可以克服阻力，而且能使物体产生巨大的位移速度。因此，在大多数动力性体育项目中，爆发力比绝对力量有着更加重要的意义。

一、研究对象和方法

1. 研究对象

我校田径队21名队员。

2. 研究方法

实验法：把21名队员平均分成3组，做实验比较，让队员进行安静时的后抛实心球、立定跳远、30米跑以及台阶运动四项，并记录各项目运动成绩的平均值，然后让受试者做5组不同形式的爆发力练习。练习后重新测定抛实心球、立定跳远、30米跑等项目的运动成绩。爆发力的练习形式：①半深蹲；②高翻；③高提踵；④卧推杠铃；⑤快速徒手练习。其中①②③④练习的负荷量分别是本人最大力量的30%MVC（最大自主收缩肌力）、70%MVC、90%MVC、100%MVC+30%MVC快速徒手练习。

二、研究结果与分析

1. 小负荷力量练习与徒手练习不能很好地提升爆发力

队员经过各种爆发力训练后，四项反映爆发力水平的运动成绩都有不同程度的提高。成绩提高大小的顺序是：100%MVC+30%MVC徒手快速练习＞90%MVC＞70%MVC＞30%MVC徒手快速练习。

实验结果表明，小负荷、徒手快速练习对爆发力的作用并没有超过中负荷、大负荷量练习的作用。其原因在于队员在进行小负荷或徒手运动时，肌肉力量并没有全部动员起来，只是一小部分兴奋性较高的肌纤维参加工作，而大部分肌纤维是被动的。本体感受性的反馈调节使用力肢体的肌纤维精确地按照外界阻力的大小进行应答性收缩。因为在小负荷或徒手练习时阻力虽小，动力也相应为中小，动力／阻力比值并不大。运动时阻力的大小才是影响动作速度的真正原因。

2. 中负荷练习能产生较强爆发力的原因

中负荷练习对提高肌肉快速收缩能力有一定的作用，同样能影响力量的发展，因为它能发展运动员的爆发力，这也是教练员经常使用的训练手段。田径运动项目成绩的提高与中负荷力量训练密不可分。中负荷力量训练比小负荷力量训练更能提高大脑皮层运动中枢发放较强的高频冲动，动员兴奋性较弱的慢肌纤维参加工作，为发展爆发力准备了较大的动力势能。从实验中我们可看出，中负荷练习比小负荷、徒手快速练习对发展爆发力的作用要大，对克服肌肉的阻力要强，对提高运动员的成绩要快；而比最大负荷与最大速度相结合的力量练习所产生的爆发力要小，运动成绩提高的幅度也要小。

3. 大负荷练习对爆发力产生的影响及原因

大负荷练习时，大脑皮层运动中枢发放强而集中的高频冲动，这种冲动不仅可以动员兴奋性较弱的慢肌纤维，而且可以动员兴奋性较低的某些快肌纤维参加工作，从而使用力肢体大多数肌纤维参加工作，为发展爆发力准备了强大的动力势能。虽然队员在最大负荷力量练习中没有直接出现较快的动作速度，但练习后立刻对爆发力测试表现出非常快的运动速度和很好的爆发力效果。由于在大负荷用力时，大脑皮层产生的痕迹效应没有完全消失，爆发力测试时的负荷虽小，但用力肢体仍能保持绝大多数的肌纤维参加工作。快肌纤维参加工作的比例和动力，阻力比值大大超过中小负荷练习和徒手练习后的肌肉工作状态，如投掷运动员在进行大力量或重器械投掷后，紧接着进行轻器械的练习，效果特别明显。因此，大负荷练习后立刻产生了与中小负荷及徒手练习后无法相比的爆发力训练效果。

4. 最大负荷与最大速度相结合的力量练习是发展爆发力的最佳组合

大负荷力量训练虽然优于中小负荷和徒手练习的效果，但并不意味着采用大负荷就能很好地发展爆发力。因为大负荷力量练习本身不能在练习中产生较快的动作速度，不宜建立快速的发力动作定型。长期单纯的大负荷练习不仅不能提高爆发力，相反还会影响发力速度，造成较慢的发力定型。如何才能使人体肌肉在最短的时间内最大限度地发挥肌力储备，从而以最高的动力／阻力比值去获得最快的动作速度呢？实验结果表明：只有最大负荷练习与最快速度相结合的练习方法才能满足以上要求。在一组最大负荷力量练习后，紧接着进行一至几次轻负荷最快速度练习，再进行几次快速徒手练习，会使人体产生一种非常轻快的感觉，并在轻负荷练习中获得比一般只做徒手练习快得多的动作速度，我们称此速度为"超快速度"。根据爆发力的生理机制，"最大负荷+最快速度"的爆发力组合练习会产生一种意想不到的最佳效果。最大力量练习的主要作用是刺激运动中枢神经产生最佳的兴奋状态，接通所有必要的运动神经通路，动员尽可能多的肌纤维工作，使人体具备爆发力的强大"势能"。紧接其后的轻负荷快速度运动是将前者动员起来的"神经和肌肉势能"转变成爆发力的动能，再用几次快速徒手练习，将动员起来的"神经和肌肉势能"变成了势不可当的爆发力的动能，这是任何单一练习都不能达到的效果。我们认为，最大负荷和轻负荷快速练习，再加快速徒手练习，在爆发力训练组合中是缺一不可的。没有轻负荷练习，最大负荷所造成的"爆发力势能"再大也不会转变成较快的"爆发力势能"，无法建立快速爆发力的动力定型。

5. 运用"最大负荷+最大速度"练习组合时应注意的问题

（1）力量训练必须建立在全面的身体素质的基础上，且在力量素质练习中必须首先发展爆发力素质。

（2）根据青少年运动员的训练特点，在发展力量素质时，切忌过早进行大力量训练，以免把肌肉练得过僵，影响速度、灵敏度、柔韧度、协调度等方面的提高。

（3）力量训练中必须强调运动的合理性、准确性、科学性，处理好各种力量素质之间的关系，充分考虑各身体素质之间的协同性。

（4）保证"最大负荷"和"最大速度"练习之间尽可能短的间隔。因为间隔时间越短，大负荷工作产生的痕迹效应就越强，在轻负荷最大速度运动时，肌肉才能具备较高的动力/阻力比值，爆发用力的效果才会越好。

（5）"最大负荷+最大速度"组合训练必须在肌肉不疲劳的情况下进行。因为肌肉疲劳时收缩速度减慢，此时进行爆发力练习不可能取得很好的效果。

（6）"大负荷力量练习"与"最大速度练习"的动作结构应尽可能一致，因为两部分练习必须先后作用于同样的肌肉才能起到提升爆发力的作用，否则只是做无用功。

（7）力量练习在各个时期都要进行，但是在练习中必须注意合理安排，否则将会影响爆发力训练的效果。

三、小 结

（1）大负荷力量练习对发展爆发力的短时效应优于中小负荷。

（2）任何一种单一的练习都不能很好地发展爆发力，"最大负荷+最大速度"组合练习方法才是爆发力练习的最佳方法。

（3）"最大负荷+最大速度"组合练习方法能够最大限度地动员肌力储备并以最短时间释放出来，这是最理想的爆发力训练组合方法。

▶ 参考文献

［1］全国体育学院教材委员会.运动训练学（体育学院通用教材）［M］.北京：人民体育出版社，1990.

［2］孙守正.跳远（田径教学训练实用丛书）［M］.北京：人民体育出版社，1998.

［3］潘炎民.现代田径运动训练手段与方法［M］.长沙：湖南体育教育学会，1993.

［4］弗·纳·普拉托诺夫.现代运动训练［M］.张人民，等译.北京：人民体育出版社，1991.

展动信息技术

新媒体技术在信息技术教学中的应用

广东省梅州市梅江区梅州中学　林伟章

随着现代科技的飞速发展，新媒体这一新的科技手段已经渗透教育领域。新媒体教学的应用，极大地拓展了教学的空间，丰富了课堂的教学手段和教学资源，能够调动学生的多种感官功能，使学生的学习更加直观、形象、生动，使知识更加容易理解，给教学开创了生动活泼的新局面，使学生的学习不再是枯燥乏味的。但是，无论计算机技术如何完善，它都不可能完全取代传统的教学方式。这就要求教师不仅要有扎实的知识和基本功，还必须熟悉和掌握新媒体教学方式，将新媒体技术和传统教学法有机结合。因此，教师在课堂上要找准使用新媒体技术的最佳时机，把握好"度"和"量"，充分发挥新媒体的功能，提升运用新媒体技术的教学能力，便于整合各学科之间的教学资源，从而进一步优化课堂教学，为全面推进素质教育发挥强有力的作用。

一、更新教育观念，强化创新意识，提高整合能力

新课程改革强调学生自主参与和合作学习。新媒体、新技术以网络技术作为学习工具，为学生提供了丰富的学习资源。学生利用网络技术进行探讨学习，从而获取知识，这种学习模式以学生为主体，强调学生自主参与学习，真正突破了以教师为中心的教学模式。

在新课程改革背景下，更新教育观念是每一位教师不可忽视的问题。教师

要强化创新意识。教育在培育创新精神和培养创造型人才方面肩负着特殊的使命，教师也要不断地创新，特别是要在信息技术背景下不断学习，保持旺盛的创新能力与实践能力。网络信息技术环境下的学习是一个全新理念的课程，它是以通信、网络技术等高科技的综合应用为新手段的技能教学，需要知识性与技能性很强的整合能力。现代信息技术以提供大容量教育信息载体为特征，担负着开阔视野、收集资料、整合知识、培养创新精神和创造能力等功能。这其中，教师素质是关键要素。教师整合能力是信息技术发挥应有作用的前提。因此，在新的教学环境中，教师应该掌握现代信息技术的基本知识和技能。

二、用新媒体、新技术优化课堂教学，提高课堂效率和教学质量

1. 创设教学情境，调动学生参与积极性，升华内部机制，做好结果评价

在创造性的教学中，师生双方都应成为教学的主体。在一节课的开始，教师若善于从实际出发，巧妙地设置悬念性问题，将学生置身于"问题解决"中，就可以让学生产生好奇心，吸引学生，从而激发学生的学习动机，使学生积极主动参与知识的发现与积累，这对培养学生的创新意识和创新能力有着十分重要的意义。例如，在高一信息技术第四章第一节《编制计算机程序解决问题》的教学中，为了让学生对编程产生兴趣，我利用软件制作了一个扑克牌的魔术游戏。学生对这个游戏很好奇，非常想知道其中的奥秘，我就顺势将主要内容引入课堂，通过这种方法调动了学生学习的积极性。无论运用什么样的教学方式，思想教育应贯穿各个学科的教学之中。根据学生的心理特征，教师可以在学生的思维阻塞点上巧设疑难引导学生去思考，这样就能够起到架设思维桥梁的作用。使用新媒体，能充分发挥学生主动探求知识、发现答案的积极性，让学生愿意去探究其中的奥妙。教学有法但无定法，教师在教学中要根据教学目的、教学内容、学生的年龄特点来确定教学方法，交替使用各种各样的教学方式。

2. 先进的教学手段/设备的应用

教学中还应体现教师、学生和知识的互动，教师可以利用多种媒体手段进行教学引导，如利用电子白板。电子白板走进课堂，让学生的学习变得更轻松，更容易掌握。在教学过程中，教师可借助电子感应笔在电子白板上随时随

地书写，重点部分可以即时画圈，体现教学过程中修改、保留、再现等思维脉络。对书写的内容还可以整理保存到资源浏览器的个人资源中，便于以后再次使用。利用这种方式，师生之间可以搭建起一个轻松、愉悦的交互平台，课堂气氛会因此变得融洽，三维目标也较易达成。例如，讲Flash动画制作时，教师可播放七巧板逐帧动画视频；还可以利用该软件的投票功能，请学生对每一节课的三维目标达成情况进行过程性评价和总结性评价等。在网络环境下，教师要能够实现资源共享，在没有网络的环境下组织教学，电子白板上的海量资源库可以帮助我们解决信息素材问题。教师在讲课的过程中可根据需要，随时调用并生成这些材料。如果教师提供的图形不符合学生的价值观、审美观，学生可以自己深入资源库，寻找最适合的图形，并随意拖放到任意位置。这让我们体会到电子白板资源库的强大，从而激发学生的学习兴趣。

3. 从学生的实际出发

计算机学科的知识更新较快，技术应用比较灵活，对学生的创新意识要求较高，因而教师应从学生的实际出发，使教学的深度、广度、进度适合学生的知识水平和接受能力，同时考虑学生的个性特点和个性差异，使每名学生的才能品行获得最佳的发展，培养适应时代需要的创新型人才。

（1）对全体学生按兴趣、特长分组，利用新媒体手段引导、辅助学生探究的方法。例如，教师可以给学生提供相应知识的多媒体教学软件，让学生根据自己的爱好特长及现有的知识能力进行有针对性的学习，把握学习的进度，进而利用"网络在线学习平台"在同质、异质的的小组内合作探究，有效地交流，从而有效地提高学习的积极性，为学生的创新意识提供一个有效的发展空间和交流实施的有效平台。

（2）教师巧设任务，分层教学，及时把握教学反馈。基于计算机学科灵活及更新快的特点自学探究，教师对学科知识进行有效的整理分类，利用"电子教室"分类分发功能或者用开发的"教学软件"中的分类管理功能分发到不同层次的学生小组中，还可以进行实时指导，从而实现任务分层，指导分层。为及时掌握教学反馈，还可以通过调查系统，随时让学生进行课堂中的小型测验和调查，并且对学生的学习情况进行实时评价。

4. 微 课

在教学中，我采用微课配导学案的教学模式。一节微课有一个导学案，导学案就是我们经常说的教学任务单，这节课要讲什么内容，讲到哪个地方，前期需要进行规划，而微课讲解的主要内容就是任务单上的重点和难点。一张任务单可对应两个微课或者三个微课，然后学生在自习的时候通过微课来学习。每个微课的时间很短，但是给我们的感觉是这名老师上了一门完整的课程。学生可以从第一课入手，也可以从第三课入手，这就是微课的优势。而在传统方式下教师是做不到这一点的。微课对于传统课堂向翻转课堂的转变更有意义，这不仅仅是教学的结构翻转，更是角色的翻转。这个时候，教师在课堂上不是一个教授者，而是一个指导者；对于学生而言，他们不再单纯是以前的填鸭式学习，已经变成真正的学习者。因为他们是带着驱动力来学习的，他们在课堂上更多的是求知、求索。所以我认为这就是微课的魅力，这就是现在的教育要改革的部分。

三、新媒体与课堂教学结合的注意事项

1. 结合传统教学方式发挥新媒体技术的优势

在计算机教学中，传统的教学方式（投影+黑板）便于引导学生思考，梳理知识框架，是计算机专业基础理论学习必不可少的方式，而多种新媒体技术的应用则为后期学生的综合分析和应用提供了强有力的学习方式的支持，两者要结合使用。

2. 新媒体教学过程中应重视学生的动手机会和创新意识

在新媒体中得到的知识越多，学生的问题也会越多。教师要多创造让学生动手实践的机会，使其感受学习和探究新知的乐趣。教师在评价过程中要重视学生提出的问题，特别是一些有创造性的问题。教师需要综合运用过程性评价和总结性评价，发现并鼓励学生的创新意识。

在信息时代的今大，把计算机新媒体技术引入学校课堂教学是实现教育现代化的一个重要内容。现代教育媒体不仅可以作为知识信息的载体，而且可以作为调控教学的有效手段。在信息技术教学中，教师要恰当地运用计算机技术对文、图、声、像等多种信息进行综合处理和控制，从而形成一种全新的教学形式。运用新媒体课件辅助教学，能创设逼真的教学环境、动静结合的教学图像、生动活泼的教学氛围，可以解决常规教学难以解决的问题。作为一种先进的教学手段，新媒体技术走进课堂正显示出无与伦比的优势。同时，它对突出

教学重点、解决教学难点、拓展学生思维、调控教学信息、优化教学过程等都能起到积极的作用。因此，教师要根据教学内容，善于把握运用现代教育媒体的最佳作用点，这对教学的成功有着非常重要的意义。

参考文献

［1］郑芳.教育信息化及其在中小学教育中的实施［J］.信息技术教育，2006（4）.

［2］周象贤.浅谈新闻心理学教学案例的选择原则［J］.中国科教创新导刊，2008（36）.

［3］杨秀清.浅谈有效教学的心理能力［J］.福建师大福清分校学报，2003（S1）：45–47.

［4］连进军，杨旻旻.试论有效课堂教学的主要特征［J］.高等理科教育，2007（2）.

［5］冯秀琪.电化教育教程［M］.石家庄：河北大学出版社，2008.

［6］潘云泽，王以宁.信息化进程中教育技术的创新与应用［M］.长春：吉林大学出版社，2004.

［7］温寒江，连瑞庆.构建中小学创新教育体系［M］.北京：北京科学技术出版社，2001.

［8］徐新强.新课程背景下语文课堂有效教学研究［D］.曲阜：曲阜师范大学，2009.